仓储与配送管理

主 编 杨国荣
副主编 项望东 张 澜 侯国宝
　　　 黄小艳 叶德亮

北京理工大学出版社
BEIJING INSTITUTE OF TECHNOLOGY PRESS

内容简介

仓储、配送是物流的核心，是物流的主要职能，其水平的高低，直接影响企业的经营业绩。本书基于现代物流企业真实的岗位需求而编写，重组课程结构，更新传统教学内容。通过到企业实际调研，和行业协会专家委员会研究，根据物流企业相关物流岗位群对专业技能的要求，课程内容被分解为三个模块：员工岗位知识普及篇、主管岗位技能夯实篇、经理岗位管理提升篇，以循序渐进的能力递进培养为主线确定项目顺序，突出了以应用能力培养为根本的职业技术教育的特点，融"课、岗、赛、训"为一体。基于工作过程，将工作任务转化成学习任务，以岗位能力需求确定教学目标，同时结合全国物流技能大赛的项目指标体系，开发出了相关的技能训练任务，具有较强的岗位技能针对性。全书内容系统规范，逻辑严谨，引导学生由传统的被动接受知识转变为主动获取知识，培养学生发现问题、解决问题的能力。

版权专有　侵权必究

图书在版编目（CIP）数据

仓储与配送管理 / 杨国荣主编. —北京：北京理工大学出版社，2020.3
ISBN 978 – 7 – 5682 – 8166 – 9

Ⅰ.①仓… Ⅱ.①杨… Ⅲ.①仓库管理②物流管理－物资配送 Ⅳ.①F253②F252.14

中国版本图书馆 CIP 数据核字（2020）第 028824 号

出版发行 / 北京理工大学出版社有限责任公司
社　　址 / 北京市海淀区中关村南大街 5 号
邮　　编 / 100081
电　　话 /（010）68914775（总编室）
　　　　　（010）82562903（教材售后服务热线）
　　　　　（010）68948351（其他图书服务热线）
网　　址 / http：//www.bitpress.com.cn
经　　销 / 全国各地新华书店
印　　刷 / 三河市天利华印刷装订有限公司
开　　本 / 787 毫米 × 1092 毫米　1/16
印　　张 / 14.5　　　　　　　　　　　　　　　　责任编辑 / 徐艳君
字　　数 / 345 千字　　　　　　　　　　　　　　文案编辑 / 徐艳君
版　　次 / 2020 年 3 月第 1 版　2020 年 3 月第 1 次印刷　　责任校对 / 周瑞红
定　　价 / 65.00 元　　　　　　　　　　　　　　责任印制 / 施胜娟

图书出现印装质量问题，请拨打售后服务热线，本社负责调换

前　言

2019年1月24日，国务院印发了《国家职业教育改革实施方案》，它是新时代职业教育改革的纲领性文件，是全面深化职业教育改革的顶层设计和施工蓝图。它明确提出：建设合作开发的教材，倡导使用新型活页式、工作手册式教材。

仓储与配送是物流系统的两大主要功能，"仓储与配送"是物流管理专业的核心课程，如何开发理论与实践一体化教材，实现优质高效物流管理人才资源的培养，成为当务之急。本书在编写设计上突出了职业特色，突出了与行业、企业的接轨，融"课、岗、赛、训"为一体，通过竞赛促进产业发展与教学过程的融会贯通，将课程、岗位、竞赛、训练形式与内容转换成教学内容，从而对日常教学起到积极的推动作用。

本书由"员工岗位知识普及篇、主管岗位技能夯实篇、经理岗位管理提升篇"三个模块组成，对接岗位需求，针对工作过程，强化技能实训；以学生实践技能的培养为贯穿课程建设的主线，重视过程导向、任务启动型训练，培养学生的综合应用能力；根据仓储、配送的岗位群所需的专业能力来设计组织编写，突出实践能力的培养，可为企业培养即聘即用的人才。

本书的编写邀请了学校、行业协会、企业人员，是三方共同完成的。本书由杨国荣主编，负责拟定编写提纲，并对全书进行审阅和修改。编写分工：杨国荣、黄小艳负责模块一，杨国荣、张澜、侯国宝负责模块二，杨国荣、项望东、叶德亮负责模块三。

本书可作为应用型本科院校的物流管理、物流工程技术、冷链物流技术与管理、物流信息技术、采购与供应管理、工程物流管理、连锁经营管理、电子商务、工商管理相关专业人员培养教材和竞赛培训用书，也可作为物流管理人员、技术人员的重要参考书，希望本书能够对高等院校物流管理专业的建设起到一定的作用。

在编写本书的过程中，编者参考了大量的文献资料，利用了部分网络资源，引用了一些专家学者的研究成果，在此对这些文献研究者表示崇高的敬意和诚挚的感谢。

由于物流业正处于变革和发展中，仓储和配送管理的理论与操作方法还有待于进一步探讨，加之作者水平有限，书中难免有各种疏漏，敬请批评斧正！

杨国荣

目 录

模块一　员工岗位知识普及篇

实训场景 1　进货作业 …………………………………………………………… (003)
实训场景 2　储存作业 …………………………………………………………… (019)
实训场景 3　盘点作业 …………………………………………………………… (036)
实训场景 4　订单处理作业 ……………………………………………………… (042)
实训场景 5　拣货作业 …………………………………………………………… (051)
实训场景 6　补货作业 …………………………………………………………… (061)
实训场景 7　出货作业 …………………………………………………………… (068)
实训场景 8　搬运作业 …………………………………………………………… (074)
实训场景 9　输配送作业 ………………………………………………………… (086)

模块二　主管岗位技能夯实篇

实训场景 1　仓储与配送相关单证 ……………………………………………… (095)
实训场景 2　库存控制 …………………………………………………………… (113)
实训场景 3　调度安排 …………………………………………………………… (121)
实训场景 4　配送中心选址 ……………………………………………………… (127)
实训场景 5　货位的准备、库房空间利用最大化、超重物品垫垛 …………… (131)
实训场景 6　对订单进行 EIQ 分析 ……………………………………………… (137)
实训场景 7　货物组托 …………………………………………………………… (139)
实训场景 8　标准成本控制法 …………………………………………………… (141)
实训场景 9　设备完好率的计算 ………………………………………………… (142)
实训场景 10　物动量 ABC 分类 ………………………………………………… (143)

模块三　经理岗位管理提升篇

实训场景 1　仓储与配送作业方案设计校际选拔赛训练题 …………………… (149)
实训场景 2　2018 年全国智慧物流作业方案设计与实施赛项赛卷 ………… (171)
实训场景 3　2019 年全国智慧物流作业方案设计与实施赛项赛卷 ………… (198)

参考文献 ………………………………………………………………………… (225)

模块一
员工岗位知识普及篇

【学习目标】

素质目标： 了解和认识仓储、配送的基本作业流程。

知识目标： 熟悉作业流程中各环节的含义、作用、特点、分类和操作步骤。

技能目标： 分析理解各作业的设计原则、规划目标和流程管理。

能力目标： 掌握各作业的效率评估及改善措施。

实训场景 1
进货作业

学习情境 1　进货作业流程

知识点：进货作业流程。

关键技能点：了解进货作业的一般流程。

工作任务：认知进货作业流程内容。

☞ *知识窗*：

配送中心的进货环节是商品从生产领域进入流通领域的第一步，进货作业即物品实体上的接收，是将物品从货车上卸下，并核对物品的数量及状态，以及将必要的信息书面化的过程。进货作业的一般流程如图 1-1 所示。

图 1-1　进货作业的一般流程

学习情境 2　进货作业流程步骤

知识点：进货作业步骤。

关键技能点：熟悉进货作业的详细步骤。

工作任务 1：熟悉物品入库准备工作。

☞ *知识窗 1*

仓库应根据仓储合同或者入库单、入库计划，及时地进行库场准备，以便物品能按时入库，保证入库过程顺利进行。仓库的入库准备需要由仓库业务部门、仓库管理部门、设备作业部门分工合作，共同做好以下工作：熟悉入库物品、掌握仓库库场情况、制订仓储计划、妥善安排货位、做好货位准备、准备苫垫材料与作业用具、验收准备、装卸搬运工艺设定、单证准备。

知识窗 1-1：熟悉入库物品

仓库业务、管理人员应认真查阅入库物品资料，必要时向存货人询问，掌握入库物品的品种、规格、数量、包装状态、单件体积、到库确切时间、物品存期、物品的理化特性、保管的要求等，据此进行妥善的库场安排、准备。

知识窗 1-2：掌握仓库库场情况

了解在物品入库期间和保管期间仓库的库容、设备、人员的变动情况，以便安排工作。必要时对仓库进行清查，清理归位，以便腾出仓容。如有必须使用重型设备操作的物品，一定要确保该货位可使用重型设备。

知识窗 1-3：制订仓储计划

仓库业务部门根据物品情况、仓库情况、设备情况制订仓储计划，并将任务下达到各相应的作业单位、管理部门。

知识窗 1-4：妥善安排货位

仓库管理部门根据入库物品的性能、数量，结合仓库分区分类保管的要求，核算货位大小，根据货位使用原则，安排货位，验收场地，确定堆垛方法、苫垫方案。

知识窗 1-5：做好货位准备

仓库人员要及时进行货位准备，彻底清洁货位，清除残留物，清理排水管道（沟），必要时安排消毒除虫、铺地。详细检查照明、通风等设备，发现损坏及时报修。

知识窗 1-6：准备苫垫材料与作业用具

在物品入库前，根据所确定的苫垫方案，准备相应的材料，并组织衬垫铺设作业。对作业所需的用具要准备妥当，以便能及时使用。

知识窗 1-7：验收准备

仓库人员根据物品情况和仓库管理制度，确定验收方法。准备验收所需的点数、称量、测试、开箱装箱、丈量、移动照明等工具和用具。

知识窗 1-8：装卸搬运工艺设定

根据物品、货位、设备条件、人员等情况，科学合理地制定卸车搬运工艺，保证作业效率。

知识窗 1-9：单证准备

仓库人员对物品入库所需的各种报表、单证、记录簿等，如入库记录、理货检验单、料卡、残损单等，预填妥善，以备使用。

由于不同仓库、不同物品的性质不同，入库准备工作会有所差别，需要根据具体实际情况和仓库制度做好充分准备。

工作任务 2：掌握进货流程的合理安排。

☞ 知识窗 1：进货作业系统设计原则

为了让搬运者安全有效率地卸货，以及使配送中心能迅速正确地收货，设计进货计划及其相关信息系统时应注意以下原则：

（1）多利用配送车辆的司机来卸货，以减轻公司作业人员负担及避免卸货作业的拖延。

（2）尽可能将多样活动集中在一个工作站，以节省必要空间。

（3）尽可能平衡停泊码头的配车，如可以依据进出货的状况制定配车排程，或转移部分耗时物品的进货至离峰时间。

（4）将码头月台至仓储区的活动尽量保持直线流动。

（5）依据相关性安排活动，达到距离最小化或省去步行的机会。

（6）安排人力在高峰时间使物品能维持正常速率的移动。

（7）考虑使用可流通的容器，以省却更换容器的动作。

（8）为方便后续存取及随时应对确认查询的需求，应详细记录进货资料。

（9）为小量进货计划准备小型车。

（10）在进出货期间尽可能省略不必要的物品搬运及储存。

☞ 知识窗 2：进货作业时考虑的因素

在设计一个完整的系统前，需考虑所有相关的影响因素才能将其整合规划，而在进货方面的考量因素很多，包括：

（1）进货对象及供应厂商总数：一日之内的供应商数量（平均是多少？最多是多少？）。

（2）物品种类与数量：一日之内的进货品种数（平均是多少？最多是多少？）。

（3）进货车型与车辆台数：一日之内的进货车数（平均是多少？最多是多少？）。

（4）每一车辆的卸（进）货时间。

（5）物品的形状、特性：如散货与单元的尺寸及重量、包装形态、是否具危险性、栈板（托盘）叠卸的可能性、人工搬运或机械搬运、物品的保存期限。

（6）进货所需人员数（平均是多少？最多是多少？）。

（7）配合储存作业的处理方式。一般配送中心储存有栈板（托盘）、箱子、小包三种方式，同样地，卡车进货亦有此三种形式。因而如何联结进货与储存两作业区间对物品三种形式的转换，可分以下三种状况来说明：

①若进货与储存皆以同样形式为单位，如图 1-2 所示，则进货输送机直接将物品运至储存区。

```
         栈板 ──→ 栈板
（进货）  箱子 ──→ 箱子  （储存）
         小包 ──→ 小包
```

图 1-2　进货与储存皆以同样形式为单位

②若储存以小包为单位，但进货以栈板（托盘）、箱子为单位，或储存以箱子为单位，但进货是以栈板为单位，如图 1-3 所示，则必须于进货点即做卸栈或拆装的动作，如用自动栈板卸货机拆卸栈板上的载荷物，再拆箱将小包放于输送机上。

```
         栈板 ──→ 小包
（进货）  箱子 ──→ 小包  （储存）
         栈板 ──→ 箱子
```

图 1-3　储存以小包或箱子为单位，但进货以栈板或箱子为单位

③若储存以栈板为单位，但进货以小包或箱子为单位，或储存以箱子为单位，但进货以小包为单位，如图 1-4 所示，则小包或箱子必先堆叠于栈板上或小包必先装入箱子后再储存。

```
         小包 ──→ 栈板
（进货）  箱子 ──→ 栈板  （储存）
         小包 ──→ 箱子
```

图 1-4　储存以栈板或箱子为单位，但进货以小包或箱子为单位

（8）每一时刻的进货车数调查，如图 1-5 所示，用进货时间带来表示。

图 1-5　进货时间带

（9）制定可依循的进货管理标准，作为作业人员面对非常规事件处理的参考。主要的进货管理标准有：订购量计算标准书，订购手续的标准，进货日期管理，订购取消及补偿手续，支付货款的标准、手续及合同。

☞ 知识窗 3：货位确定的原则

仓库货位是仓库内具体存放物品的位置。库场除了通道、机动作业场地，其余的为仓库货位。为了使仓库管理有序，操作规范，存货位置能准确表示，人们根据仓库的结构、功能，按照一定的要求将仓库存货位置进行分块分位，形成货位。每一个货位都用一个编号表示，以便区别。货位确定并进行标识后，一般不随意改变。货位可大可小，有大至几千平方米的散货货位，有小至仅有零点几平方米的货架货位，根据具体所存物品的情况确定。货位分为场地货位、货架货位。有的相邻货位可以连通合并使用，有的预先已安装地坪，无须垫垛。仓库货位的使用方式有三种，如表1－1所示。

表1－1 仓库货位的使用方式

类别	说明
固定的货位	货位只用于存放确定的物品，使用时要严格区分，决不能混用、串用。长期货源的计划库存等大都采用固定货位的方式。固定的货位便于拣选、查找物品，但是仓容利用率较低。由于物品固定，可以对货位进行有针对性的装备，有利于提高物品保管质量
不固定货物的货位	物品任意存放在空的货位，不加分类。不固定货位有利于提高仓容利用率，但是仓库内显得混乱，不便于查找和管理；在计算机配合管理下，能实现充分利用仓容、方便查找。对于周转极快的专业流通仓库，物品保管时间极短，大都采用不固定货位的方式，采用不固定货位的方式，仍然要遵循仓储分类的安全管理原则
类固定货物的货位	对货位进行分区、分片，同一区内只存放一类物品，但在同一区内的货位则采用不固定货位的方式。这种方式有利于物品保管，也较方便查找物品，仓容利用率可以提高。大多数仓库都使用这种方式

☞ **知识窗4：选择货位的原则**

1. 保证先进先出、缓不围急

"先进先出"是仓储保管的重要原则，能避免物品超期变质；在货位安排时要避免后进物品围堵先进物品；存期较长的物品，不能围堵存期较短的物品。

2. 根据物品的尺寸、数量、特性、保管要求选择货位

货位的通风、光照、温度、排水、刮风、雨雪等条件要满足物品保管的需要；货位尺寸与物品尺寸匹配，特别是大件、长件物品要能存入所选货位；货位的容量与物品的数量接近；选择货位时要考虑相近物品的情况，防止与相近物品相忌而互相影响；对需要经常检查的物品，存放在方便经常检查的货位。

3. 出入库频率高的物品使用方便作业的货位

对于有持续入库或者持续出库的物品，应安排在靠近出入口的货位，方便出入。流动性差的物品，可以安排在离出入口较远的位置；同样道理，存期短的物品安排在出入口附近。

4. 小票集中、大不围小、重近轻远

多种小批量物品，应合用一个货位或者集中在一个货位区，可以方便查找，避免夹存在大批量物品的货位中。重货应离装卸作业区最近，以减少搬运作业量，或者可以直接用装卸设备进行堆垛作业。使用货架时，重货放在货架下层，需要人力搬运的重货，存放在腰部高度的货位。

5. 方便操作

所安排的货位能保证搬运、堆垛、上架作业方便，有足够的机动作业场地，能使用机械进行直达作业。

6. 作业分布均匀

仓库内或者同条作业线路上尽可能不要有多项作业同时进行,避免相互妨碍。

工作任务3：熟悉卸货作业方式。

☞ 知识窗1：一般卸货方式

卸货即是将物品由车辆搬至码头的动作,其最需要克服的在于车辆与月台间的间隙。为作业安全与方便起见,一般卸货码头常采用下列四种设施。

知识窗1-1：可移动式楔块

可移动式楔块又叫竖板（见图1-6）,当装卸物品时,可将其放置于卡车或拖车的车轮旁固定,以免装卸货期间车轮意外的滚动可能造成的危险。

图1-6 可移动式楔块

知识窗1-2：升降平台

最安全也最有弹性的卸货辅助器应属于升降平台,而升降平台分为卡车升降平台（见图1-7）及码头升降平台（见图1-8）两种。当配送车辆到达时,于卡车升降平台而言,可提高或降低车子后轮,使得车底板高度与月台一致,以方便装卸货;于码头升降平台而言,可调整码头平台高度以配合配送车辆底板的高度。因而两者有异曲同工之效。

图1-7 卡车升降平台

图1-8 码头升降平台

知识窗 1-3：车尾附升降台

车尾附升降台（见图 1-9）是装置于配送车尾部的特殊平台。当装卸货时，可用此平台将物品装上卡车或卸至月台。车尾附升降台可延伸至月台，也可倾斜放至地面，其设计有多种样式，适于无月台设施的配送中心或零售点的装卸货使用。

图 1-9　车尾附升降台

知识窗 1-4：吊钩

当拖车倒退入码头碰到码头缓冲块时，码头设施即开动吊钩，使其钩住拖车，以免装卸货时轮子打滑，其功用犹如移动式楔块，也可用链子等代替吊钩，如图 1-10 所示。

图 1-10　码头吊钩

☞ **知识窗 2：将车辆尾端开入停车台装卸货方式**

除了使用以上四种设施来克服车辆与月台间的间隙，如果车辆后车厢高度与码头月台同高，还可考虑直接将车辆尾端开入停车台装卸货的方式，如图 1-11 所示。这种方式不但可让车辆与月台更紧密结合，使装卸作业方便有效率，而且对于物品安全也更能发挥保护作用。

图1-11 车辆后车厢高度与月台同高的卸货方式

工作任务4：掌握物品的验收。

☞ 知识窗1：验收的标准、方法和内容

物品验收是对物品的质量和数量进行检查的工作。验收工作一般分为两种：第一种是先点收物品，再通知检验部门办理检验工作；第二种是先由检验部门检验品质，认为完全合格后，再通知仓储部门办理收货手续。

知识窗1-1：物品验收的标准

物品要能达到公司的满意程度才准许进行验收入库，因而验收要符合预定的标准。物品验收的标准有：采购合约或订购单所规定的条件，比价或议价时的合格样品，采购合约中的规格或者图解，各种产品的国家品质标准。

知识窗1-2：物品检验主要方法（见表1-2）

表1-2 物品检验主要方法

检验方法	具体内容
视觉检验	在充足的光线下，利用视力观察物品的状态、颜色、结构等表面状况，检查有无变形、破损、脱落、变色、结块等损害情况，以判定质量
听觉检验	通过摇动、搬运操作、轻度敲击，听取声音，判定质量
触觉检验	利用手感鉴定物品的细度、光滑度、黏度、柔软程度等，判定质量
嗅觉、味觉检验	通过物品特有的气味、滋味测定，判定质量
测试仪器检验	利用各种专用测试仪器进行物品性质测定，如含水量、容积、重量、黏度、成分、光谱等测试
运行检验	对物品进行运行操作，如电器、车辆等，检查操作功能是否正常

知识窗1-3：物品验收的内容

知识窗1-3-1：外观质量检验

1. 包装检验

包装检验是对物品的外包装（也称为运输包装、工业包装）的检验，检验包装有无被撬开、开缝、挖洞、污染、破损、水渍和沾湿等不良情况。撬开、开缝、挖洞有可能是被盗的痕迹；污染是因配装、堆存不当造成；破损有可能因装卸、搬运作业不当或装载不当造成；水渍和沾湿是由雨淋、渗透、落水，或内容渗漏、潮解造成。包装的含水量是影响物品保管质量的重要指标，一些包装物含水量高表明物品已经受损，需要进一步检验。

2. 物品外观检验

对无包装的物品，直接查看物品的表面，检查是否有生锈、破裂、脱落、撞击、刮痕等损害。

3. 重量、尺寸检验

对物品的单件重量、物品尺寸进行测量，确定物品的质量。

4. 标签、标志检验

检查物品的标签和标志是否具备、完整、清晰等，标签、标志与物品内容是否一致。

5. 气味、颜色、手感检验

通过物品的气味、颜色判定是否新鲜，有无变质；用手触摸、捏试，判定有无结块、干涸、融化、含水量太高等现象。

6. 打开外包装检验

若包装检验中判定内容有受损的可能，或者依照检验标准要求开包检验、点算包内细数时，应该打开包装进行检验。开包检验必须有两人以上在现场，检验后在箱件上印贴已验收的标志。需要封装的应及时进行封装，包装已破损的应更换新包装。

知识窗1-3-2：内在质量检验

内在质量检验是对物品的内容进行检验，包括对物理结构、化学成分、使用功能等进行鉴定。内在质量检验由专业技术检验单位进行，经检验后出具检验报告说明物品质量。

知识窗1-3-3：入库物品检验程度

入库物品检验程度是指对入库物品实施数量和质量检验的数量。它分为全查和抽查，原则上应采用全查的方式，对于大批量、同包装、同规格、较难损坏、质量较高、可信赖的物品可以采用抽查的方式检验，但是在抽查中发现不符合要求较多时，应扩大抽查范围，甚至全查。

1. 数量检验的范围

（1）不带包装的（散装）物品检斤率为100%，不清点件数的物品检斤率为100%。

（2）定尺钢材检尺率为10%~20%，非定尺钢材检尺率为100%。

（3）贵重金属材料100%过净重。

（4）有标量或者标准定量的化工产品，按标量计算，核定总重量。

（5）同一包装、规格整齐、大批量的物品，包装严密、符合国家标准且有合格证的物品，采取抽查的方式，抽查率为10%~20%。

2. 质量检验的范围

（1）带包装的金属材料，检验5%~10%；无包装的金属材料全部目测检验。

（2）入库量10台以内的机电设备，检验率为100%；100台以内，检验数量不少于10%；运输、起重设备100%检验。

（3）仪器仪表外观质量缺陷的，检验率为100%。

（4）易于发霉、变质、受潮、变色、污染、虫蛀、机械性损伤的物品，检验率为 5% ~ 10%。

（5）外包装质量缺陷的物品，检验率为 100%。

（6）对于供货稳定，信誉、质量较好的厂家产品，特大批量物品可以采用抽查的方式检验质量。

（7）进口物品原则上 100% 逐件检验。

知识窗 1-3-4：入库检验时间

物品的数量、外表状况应在入库时进行检验；对物品的内容，在合同的约定时间内进行检验，或者按照仓储习惯在入库的 10 天之内，国外到货 30 天之内进行检验。

☞ *知识窗 2：验收差异的作业处理*

由于一旦验收不合格，则有可能采取退货、维修或寻求折让的做法，因此我们整理了"物品验收处理程序表"（见表 1-3），将验收的可能情况与选择的处理措施列出，以供作业人员在验收时了解情况及做决策的参考。

表 1-3　物品验收处理程序表

项目		进货验收的情况					决策的类别			
		物品数量正确吗？	品质检验合格吗？	能够维修吗？	供应商愿意付维修费吗？	物流中心急需这批货吗？	退回这批物品	使用这些物品但寻求新供应商	维修缺点并使用	从别处寻求紧急供应商
问题形态	1	○	○	○	○	○			√	
	2	○	○	○	○	●			√	
	3	○	○	●		○	√			√
	4	○	○	●		●	√			
	5	○	○	○	○	○			√	
	6	○	○	○	●	○	√			
	7	○	●	○	○	○	√			√
	8	○	●	○	○	●	√			
	9	●	○	○		○			√	
	10	●	○	○		●	√			
	11	●	○	●	○	○		√		
	12	●	○	●	○	●	√			
	13	●	●	●		○		√		
	14	●	●	●		●	√			

注：○ = 是，● = 否，√ = 采取此项行动。

☞ *知识窗 3：验收入库物品的信息处理*

完成物品检验后，一般先在暂存区对物品进行分类，再由作业人员入库上架，然后将进货信息输入计算机系统，这样商品实物库存就会在系统中生成相对应的系统库存，打印验收入库单（见表1-4）后才最终完成进货作业。

表1-4 验收入库单

编号：

供应商		采购订单号		验收员	
供应商编号		采购员		验收日期	
送货单号		到货日期		复核员	
发货日期				复核日期	

序号	货位号码	商品名称	商品规格型号	商品编号	包装单位	应收数量	实收数量	备注

工作任务5：掌握物品的分类。

☞ *知识窗1：物品分类的作用*

分类是将多种不同事物按性质或其他条件分别逐次区分，将之归纳于不同类别，做有系统的排列，如此将使后续作业效率提升，以收事半功倍之效。其作用如下：

（1）可做物品控制合理化的基础。

（2）清楚分层归类，可提高管理效率。

（3）能减少作业移动距离，并使存取人员更容易记忆物品位置，这是增进作业效率的关键。

（4）便于收发保管。

（5）方便物品的分配与调拨。

（6）便于配送中心物品的联合与委托采购。

（7）便于记账及统计分析。

（8）便于审计、会计及税收工作的进行。

（9）可作为物品编号的依据。

☞ *知识窗2：物品分类的原则*

完全与合理的分类能让原本繁杂的作业变得有系统性，因而进行物品分类时应注意遵守下列原则：

（1）分类应按照统一的标准，自大分类至小分类依照同一原理区分，以合乎逻辑。

（2）分类必须根据企业本身的需要来选择适用的形式。

（3）分类必须有系统地展开，逐次细分方能层次分明。

（4）分类应明确而相互排斥，当某一商品已归于某类，绝不可能再分至他类。

（5）分类必须具有完全性、普遍性，分类系统应能包罗万象，适用于广大的地区类别，使所有物料均能清楚归类。

(6) 分类应有稳定性，即物品一经确定其类别后，便不可任意变更，以免造成混乱。

(7) 分类应有伸缩性，以便随时可增列新产品。

(8) 分类必须确切实用，绝不可流于空想。

☞ 知识窗3：物品分类的方式

(1) 为适应物品储存保管需要，按照物品特性分类。

(2) 为配合物品使用而按照物品使用目的、方法及程序分类，如需要流通加工者划分为一类，直接原料划分为一类，间接原料划分为一类。

(3) 为适应物品采购的便利，按照交易行业分类。

(4) 为便利物品账务处理，按照会计科目分类，如价值很高者划分为一大类，价值低廉者划分为一大类。

(5) 依物品状态分类，如物品的内容、形状、尺寸、颜色、重量等。

(6) 依信息方面分类，如物品送往的目的地别、顾客别等。

大体来说，捆包出货前的分类以第6类为最多，而进货的分类则不一定，视企业的情况、性质、要求进行选择。

工作任务6：掌握物品的编号。

☞ 知识窗1：物品编号的作用

物品经过有秩序的编号后，不论对作业或管理皆能提供标准化的作用，提高效率。其功能如下：

(1) 增加物品资料的正确性。

(2) 复核管理容易。

(3) 提高物品活动的工作效率，且便于信息的联系传递。

(4) 可以利用电脑处理分析。

(5) 可以节省人力、减少开支、降低成本。

(6) 便于备料及发料。

(7) 因记录正确可以迅速按次序储存或拣取物品，一目了然，减少弊端。

(8) 削减存货。一旦有了统一编号，可以防止重复订购相同的物品，且仓储及盘点作业将更易于进行，对控制存货有很大帮助。

(9) 可考虑选择作业的优先性，如先进先出。

(10) 利用编号代码来表示各种物品，可防止企业机密外泄。

☞ 知识窗2：企业编号的原则

既然物品编号对企业作用较多，那么怎样才是一个合理的编号形式呢？表1-5为必须具备的基本原则。

表1-5 物品编号原则

原则	说明
简易性	应将物品化繁为简，便于物品活动的处理

续表

原则	说明
完全性	要使每一项物品都有一种编号代替
单一性	每一个编号只能代表一项物品
一贯性	要统一而有连贯性
充足性	其所采用的文字、记号或数字，必须有足够的数量来编号
扩充弹性	为未来物品的扩展及产品规格的增加预留地步，使其可因需要而自由延伸，或随时从中插入
组织性	编号应有组织，以便存档或查知账卡及相关资料
易记性	应选择易于记忆的文字、符号或数字，或富于暗示及联想性
分类展开性	若物品过于复杂使得编号庞大，则应使用渐进分类的方式来做层级式的编号
应用机械性	管理电脑化为目前趋势，因而编号应考虑与事务性机器或电脑配合

☞ **知识窗 3：物品编号的方法**

物品编号大致可分为下列六种方法：

（1）流水号法。由 1 开始按数字顺序一直往下编，是最简单的编号法，常用于账号或发票编号，属于延展式的方法。此方法需要配合编号索引，否则无法直接了解编号意义，如表 1-6 所示。

表 1-6 流水号法

编号	物品名称
1	洗发精
2	肥皂
3	牙膏
4	洗面乳

（2）数字分段法。与流水号法不同之处在于把数字分段，让每一段数字代表共同特性的一类物品，如表 1-7 所示。

表 1-7 数字分段法

编号	物品名称
1	4 块装肥皂
2	6 块装肥皂
3	12 块装肥皂用
4	4-5 是肥皂预留编号
5	
6	黑人牙膏

续表

编号	物品名称
7	白人牙膏
8	牙膏编号用
9	9-12 是牙膏预留编号
...	

（3）分组编号法。依物品的特性分成多个数字组，每一数字组代表此项物品的一种特性，例如第一数字组代表物品的类别，第二数字组代表物品的形状，第三数字组代表物品的供应商，第四数字组代表物品的尺寸，至于每一个数字组的位数多少要视实际需要而定。此方法现今使用较为普遍。例如：编号 07-5-006-110，其编号意义如表1-8所示。

表1-8　分组编号法

项目	类别	形状	供应商	大小	意义
编号	07				饮料
		5			圆筒
			006		统一
				110	$4'\times 9'\times 15'$

（4）实际意义编号法。依物品的名称、重量、尺寸乃至于分区、储位、保存期限或其他特性的实际情况进行编号，如表1-9所示。此方法的优点是由编号即能很快了解物品的内容及相关信息。

表1-9　实际意义编号法

编号	意义
FO4915 B1	FO 表示 Food，食品类
	4915 表示 $4'\times 9'\times 15'$，尺寸大小
	B 表示 B 区，物品所在储区
	1 表示第一排料架

（5）后数位编号法。运用编号末尾的数字对同类物品做进一步的细分，也就是从数字的层级关系可以看出物品的归属类别，如表1-10所示。

表1-10　后数位编号法

编号	物品类别
260	服饰
270	女装

续表

编号	物品类别
271	上衣
271.1	衬衫
271.11	红色

（6）暗示编号法。用数字与文字的组合来编号，编号本身虽不直接指明物品的实际情况（与实际意义编号法不同），却能暗示物品的内容，如表1-11所示。这种方法的优点是容易记忆，但又不易让外人了解。

表1-11 暗示编号法

项目	物品名称	尺寸	颜色与型式		供应商
暗示编号	BY	005	W	B	10
表示含义	脚踏车（Bicycle）	大小型号（5号）	白色（White）	小孩型（Boy's）	供应商号码

☞ 知识窗4：物品编号的两种形式

（1）延展式。此形式并不限制物品分类的级数或文字数字的多少，可视实际需要不断延长，较具弹性。排列上难求整齐规律，是美中不足的地方。

（2）非延展式。此形式的编号对于物品分类的级数及采用的文字数字均有一定限制，不能任意伸展，因而虽能维持整齐划一的形式，但缺乏弹性，难以适应实际增减的需要。

为识别物品而使用的编号标示可置于容器、零件、商品或储位上，让作业人员很容易地获得信息。一般来说，容器及储位的编号标示以特定使用为目的，能被永久地保留，而零件或产品上的编号标示则弹性地增加物品号码，甚或制造日期、使用期限，以方便出货的选择，如先进先出等。

工作任务7：掌握物品入库信息处理。

☞ 知识窗1：交接手续

交接手续是指仓库对收到的物品向送货人进行确认，表示已接收物品。办理完交接手续，意味着划清了运输、进货部门和仓库的责任。完整的交接手续包括：

1. 接收物品

仓库以送货单为依据，通过理货、查验物品，将不良物品剔出、退回或者编制残损单证等明确责任，确定收到物品的确切数量、物品表面状态良好。

2. 接收文件

接收送货人送交的物品资料、运输的货运记录、普通记录等，以及随货在运输单证上注明的相应文件，如图纸、准运证等。

3. 签署单证

仓库与送货人或承运人共同在送货人交来的送货单、交接清单上签署和批注，留存相应单证，并提供相应的入库、查验、理货、残损单证、事故报告，由送货人或承运人签署。

> ☞ **知识窗2：登账**

物品查验中，仓库根据查验情况制作入库单，详细记录入库物品的实际情况，对短少、破损等情况在备注栏填写和说明。物品入库，仓库应建立详细反映物品仓储的明细账，登记物品进库、出库、结存的详细情况，用以记录库存物品的动态和出入库过程。登账的主要内容有：物品名称、规格、数量、累计数或结存数、存货人或提货人、批次、金额、注明货位号或运输工具、接（发）货经办人。

> ☞ **知识窗3：立卡**

物品入库或上架后，将物品名称、规格、数量或出入状态等内容填在料卡上，称为立卡。料卡又称为货卡、货牌，插放在物品下方的货架支架上或摆放在货垛正面的明显位置。

> ☞ **知识窗4：建档**

仓库应对所接收的物品或者委托人建立存货档案或者客户档案，便于物品管理和保持客户联系，也为将来可能发生的争议保留凭据，同时有助于总结和积累仓库保管经验，研究仓储管理规律。存货档案应该一货一档设置，将该物品入库、保管、交付的相应单证、报表、记录、作业安排、资料等原件或者附件、复制件存档。存货档案应统一编号，妥善保管，长期保存。

存货档案的内容包括：

（1）物品的各种技术资料清单等，如合格证、装箱单、质量标准、送货单、发货单等。

（2）接收的仓单、货垛牌、仓储合同、存货计划、收费存根等。

（3）物品运输单据、普通记录、货运记录、残损记录、装载图等。

（4）入库凭证、交接签单、送货单、出货单、检查报告等。

（5）保管期间的检查、保养作业、通风除湿、翻仓、事故等直接操作记录，存货期间的温度、湿度、特殊天气的记录等。

（6）入库通知单、验收记录、磅码单、技术检验报告。

（7）其他有关该物品仓储保管的特别文件和报告记录。

实训场景 2
储存作业

学习情境 1　储存作业的主要内容及目标

知识点：储存作业的主要内容及目标。

关键技能点：了解进货作业流程的原理和作用。

工作任务 1：认知储存作业的主要内容。

☞ *知识窗 1：储存作业的主要任务*

储存作业的主要任务在于把将来要使用或者要出货的物料进行保存，且经常要做库存品的检查控制，不仅要善于利用空间，也要注意存货的管理，尤其是配送中心与传统仓库的营运形态不同，储存更要注意空间运用的弹性及存量的有效控制。

☞ *知识窗 2：储存的一般原理*

依照物品特性来储存，大批量使用大储区，小批量使用小储区；适合储于高位的物品使用高储区；笨重、体积大的物品储存在较坚固的层架及接近出货区的位置，轻量品储存于有限的载荷层架；将相同或相似的物品尽可能接近储存；出库量慢的物品或小、轻及容易处理的物品使用较远的储区；周转率低的物品尽量远离进货区、出货区，放于仓库较高的区域，周转率高的物品尽量放于接近出货区及较低的区域；服务设施应选在低层楼区等。

工作任务 2：了解储存作业的目标。

☞ *知识窗：*

1. 空间的最大化使用

有效地利用空间，减少厂房的闲置与空间的浪费。

2. 劳力及设备的有效使用

物尽其用，追求运营成本的最小化。

3. 所有物品都能随时存取

因为储存增加商品的时间值，所以要做到一旦有需求时，储位系统应当有计划性及良好的厂房布置。

4. 物品的有效移动

在储区内进行的大部分活动是物品的搬运，需要多数的人力及设备来进行物品的搬进与搬出，因此人力与设备操作应达到经济和安全的程度。

5. 物品品质良好的保护

因为储存的目的是保存物品直到被要求出货的时刻，所以在储存时须保持在良好条件下。

6. 良好的管理

畅通的通道、干净的地板、适当且有次序的储存及安全的运行，将使工作变得有效率并促使工作士气（生产率）提高。

学习情境2 储存策略的选取

知识点：储存策略的分类及特点。
关键技能点：了解不同物品应采用的相应储存策略。

工作任务1：熟悉定位储存策略。

☞ 知识窗1：定位储存

每一类储存物品都有固定储位，物品不能互用货位，因此必须规划每一种物品的储位容量不得小于其可能的最大在库量。

☞ 知识窗2：选用定位储存的原因

（1）储位安排考虑了物品尺寸及重量（不适随机储存）。
（2）储存条件对物品非常重要，例如，有些物品必须控制温度。
（3）易燃物必须限制储存于一定高度，以满足保险标准及防火法规。
（4）由管理或其他政策指明某些物品必须分开储存，例如饼干和肥皂，化学原料和药品。
（5）保护重要物品。

☞ 知识窗3：定位储存的优点

（1）每类物品都有固定储存位置，拣货人员容易熟悉物品储位。
（2）物品的储位可按周转率大小（畅销程度）安排，以缩短出入库搬运距离。
（3）可针对各种物品的特性做储位的安排调整，将不同物品特性间的相互影响减至最小。

☞ 知识窗4：定位储存的缺点

储位必须按各项物品的最大在库量设计，因此储区空间平时的使用效率较低。

☞ 知识窗5：适用范围

总的来说，定位储存容易管理，所需的总搬运时间较少，但需要较多的储存空间。此策略较适用于厂房空间大、多种少量物品的储存等情况。

工作任务2：熟悉随机储存的策略。

☞ 知识窗1：随机储存

每一类物品被指派储存的位置都是随机产生的，而且可经常改变；也就是说，任何物品可以被存放在任何可利用的位置。随机储存一般是由储存人员按习惯来储存，且通常可与靠近出入口法则联用，按物品入库的时间顺序储存于靠近出入口的储位。

☞ *知识窗2：随机储存的优点*
由于储位可共用，因此不需要按所有库存物品最大在库量设计，储区空间的使用效率较高。

☞ *知识窗3：随机储存的缺点*
（1）物品的出入库管理及盘点工作的难度较高。
（2）周转率高的物品可能被储存在离出入口较远的位置，增加了出入库的搬运距离。
（3）具有相互影响特性的物品可能相邻储存，造成物品的伤害或发生危险。

☞ *知识窗4：适用范围*
一个良好的储位系统中，采用随机储存能使料架空间得到最有效的利用，因此储位数目得以减少。模拟研究显示，随机储存系统与定位储存比较，可节省35%的移动储存时间及增加30%的储存空间，但不利于物品的拣取作业。因此随机储存较适用于下列两种情况：厂房空间有限，需尽量利用储存空间；种类少或体积较大的物品。

工作任务3：熟悉分类策略。

☞ *知识窗1：分类储存*
所有的储存物品按照一定特性加以分类，每一类物品都有固定存放的位置，而同属一类的不同物品又按一定的法则来指派储位。分类储存通常按产品的相关性、流动性、尺寸、重量、特性来分类。

☞ *知识窗2：分类储存的优点*
（1）便于畅销品的存取，具有定位储存的各项优点。
（2）各分类的储存区域可根据物品特性再作设计，有助于物品的储存管理。

☞ *知识窗3：分类储存的缺点*
储位必须按各项物品最大在库量设计，因此储区空间的平均使用效率低。

☞ *知识窗4：适用范围*
分类储存较定位储存具有弹性，但也有与定位储存同样的缺点，因而较适用于以下情况：产品相关性大且经常被同时订购的物品、周转率差别大的物品、产品尺寸相差大的物品。

工作任务4：熟悉分类随机储存策略。

☞ *知识窗1：分类随机储存*
每一类物品有固定存放的储区，但在各类的储区内，每个储位的指派是随机的。
分类随机储存兼有分类储存及随机储存的特点，需要的储存空间量介于两者之间。

☞ *知识窗2：分类随机储存的优点*
分类随机储存具有分类储存的部分优点，又可节省储位数量，提高储区利用率。

☞ *知识窗3：分类随机储存的缺点*
物品出入库管理及盘点工作的难度较高。

工作任务5：熟悉共用储存策略。

☞ *知识窗：共用储存*
在知道各物品进出仓库确定时间的前提下，不同的物品可共用相同储位的方式称为共同储存。共同储存在管理上虽然较复杂，所需的储存空间及搬运时间却更经济。

学习情境 3　储位指派原则

知识点：储位指派原则的内容和分类。

关键技能点：理解储位指派原则的内容和运用方法。

工作任务 1：掌握可与随机储存策略、共用储存策略相配合的指派原则。

☞ 知识窗：

储存策略是储区规划的大原则，因而还必须配合储位指派原则才能决定储存作业实际运作的模式。

良好的储存策略与储位指派原则相配合，可大量减少拣取物品所移动的距离，越复杂的储位指派原则需要功能越强的电脑相配合。

可与随机储存策略、共用储存策略相配合的指派原则：运用靠近出入口法则将刚到达的物品指派到离出入口最近的空储位上。

工作任务 2：掌握可与定位储存策略、分类或分类随机储存策略相配合的指派原则。

工作任务 2 - 1：掌握以周转率为基础的原则。

☞ 知识窗 1：

依周转率划分储区即按照物品在仓库的周转率（销售量除以存货量）来排定储位。如图 1 - 12 所示，首先依周转率由大到小排出一个序列，再将此序列分为若干段，通常分为三至五段。同属于一段中的物品列为同一级，依照定位或分类储存法的原则，指定储存区域给每一级的物品，周转率愈高应离出入口愈近。

图 1 - 12　依周转率划分储区

☞ 知识窗 2：当进货口与出货口不相邻时，可按照进仓、出仓次数来做储存空间的调整，表 1 - 12 为 A、B、C、D…H 八种物品进出仓库的情况，当出入口分别在仓库的两端时，可依物品进仓及出仓的次数比率，来指定其储位，即比率越大的物品，越要靠"分子"——进货口处。

表1-12 八种物品进出仓库的情况

物品	进仓次数	出仓次数	进仓次数/出仓次数
A	40	40	1.0
B	67	67	1.0
C	250	125	2.0
D	30	43	0.7
E	10	100	0.1
F	100	250	0.4
G	200	400	0.5
H	250	250	1.0

工作任务2-2：掌握物品相关性原则。

☞ 知识窗：

物品相关性大小可以利用历史订单数据做分析，因为物品相关性较大者在订购时可以经常被同时订购，所以应尽可能储存在相邻位置。物品相关性储存的优点有：减短提取路程，减少作业人员疲劳，简化清点工作。

工作任务2-3：掌握物品同一性原则。

☞ 知识窗：

所谓同一性原则，是指把同一物品储存于同一储位的原则。这种将同一物品储存于同一储位来加以管理的方式，比较有管理效率。根据物流中心的储位指派原则建立一个能让作业人员对于物品储位熟知，并且对同一物品的存取花费最少搬运时间的系统是提高物流中心作业生产率的基本原则之一。当同一物品散布于仓库内多个位置时，物品的储存、取出等作业是非常不便的，盘点以及作业人员对料架物品掌握程度等方面也很困难，因而物品同一性原则是任何物流中心都应确实遵守的重点原则。

工作任务2-4：掌握物品类似性原则。

☞ 知识窗：

物品类似性原则是指将类似物品比邻储存，这个原则是根据与物品同一性原则同样的观点而来的。

工作任务2-5：掌握物品互补性原则。

☞ 知识窗：

互补性高的物品应储存于邻近位置，以便缺料时可迅速以另一物品来替代。

工作任务2-6：掌握物品相容性原则。

☞ 知识窗：

相容性低的物品绝不可储存在一起，以免损害品质，如烟、香皂、茶不可储存在一起。

工作任务2-7：掌握先进先出原则。

☞ 知识窗：

所谓先进先出，是指先储存的物品先出库，一般适用于寿命周期短的物品，例如感光纸、软片、食品等。先进先出作为库存管理的原则是必需的，但是如果在产品形式变更少，产品寿命周期长，储存时不易产生减耗、破损等情况下，则需要考虑采用先进先出的管理费用及所得到的利益，将两者间的优劣点比较后，再来决定是否采用先进先出原则。

工作任务2-8：掌握叠高原则。

☞ 知识窗：

叠高原则是指像堆积木般将物品叠高。以物流中心整体有效储存的观点来看，提高储存效率是必然的事，而利用栈板等工具来将物品堆高的容积效率要比平置方式来得高。但需注意的是，如果在诸如一定要先进先出等库存管理限制条件很严时，一味地往上叠并非最佳的选择，应考虑使用合适的料架或积层架等储存设备，以使叠高原则不至于影响出货效率。

工作任务2-9：掌握面对通道原则。

☞ 知识窗：

面对通道原则就是物品面对通道来储存，将可识别的标号、名称让作业人员容易简单地辨识。为了使物品的储存、取出能够容易且有效率地进行，物品就必须面对通道来保管，这也是使物流中心内作业能流畅进行及活性化的基本原则。

工作任务2-10：掌握产品尺寸原则。

☞ 知识窗：

在仓库布置时，要同时考虑物品单位大小以及由相同的一群物品所组成的整批形状，以便能提供适当的空间满足某一特定需要。所以在储存物品时，必须有不同大小位置的变化，用以容纳一切不同大小的物品和不同的容积。一旦未考虑储存物品单位大小，就可能造成储存空间太大而浪费空间或储存空间太小而无法存放；未考虑储存物品整批形状，也可能造成整批形状太大无法同处储存（数量太多）或浪费储存空间（数量太少）。一般将体积大的物品储存在进出较方便的位置。

工作任务2-11：掌握重量特性原则。

☞ 知识窗：

重量特性原则，是指按照物品重量的不同来决定储存物品于保管场所的高低位置上。

一般而言，重物应保管于地面上或料架的下层位置，而重量轻的物品则保管于料架的上层位置；如果是以人手进行搬运作业时，人的腰部以下的高度用于保管重物或大型物品，而腰部以上的高度则用来保管重量轻的物品或小型物品。此原则对于使用料架的安全性及人手搬运作业有很大的意义。

工作任务 2-12：掌握物品特性原则。

☞ 知识窗 1：

物品特性不仅涉及物品本身的危险及易腐性质，同时也可能影响其他物品，因此在物流中心布置设计时必须考虑。此原则的优点在于：不仅能随物品特性而有适当的储存设备保护，还容易管理与维护。

☞ 知识窗 2：五种有关物品特性的基本储存方法

（1）易燃物品的储存：必须储存在具有高度防护作用的建筑物内或安装适当的防火设备的空间。

（2）易窃物品的储存：必须装在有加锁的笼子、箱、柜或房间内。

（3）易腐物品的储存：必须储存在冷冻、冷藏或其他特殊的设备内。

（4）易污损品的储存：可使用帆布套等覆盖。

（5）一般物品储存：需要储存在干燥及管理较好的库房，以应对客户随时提取的需要。

工作任务 2-13：掌握储位表示原则。

☞ 知识窗：

储位表示原则，是指把保管物品的位置给予明确表示的原则。此原则主要目的在于将存取单纯化，并能减少其间的错误，尤其在临时人员、高龄作业人员较多的物流中心中，此原则更为必要。

工作任务 2-14：掌握明示（表示）性法则。

☞ 知识窗：

明示性法则，是指利用视觉，使保管场所及保管物品能够容易识别的原则。此原则对于储位表示原则、同一性原则及叠高原则等皆能顾及。

学习情境 4　设计储位系统标记

知识点：储位系统标记。
关键技能点：掌握储位系统标记的功能和运用方法。

工作任务 1：认知储位系统标记的功能

☞ 知识窗 1：

原来，一般都只是使用"记忆系统"来帮作业人员简单地记住物品大概位置，然而这种做法往往发挥不了多大作用。而后,使用品名、序号、记号或其他指示号码来记录物品位置的方法也被使用。但只考虑物品本身代号的系统仍不够完全,也无弹性,因此,所谓"暗示性储位标号"便得以发展,其意义就是要能指出物流中心的每一个点,让作业人员能很肯定地指出什么东西被放在什么地方,使每品项都有一个"地址",以便于需要时马上可找到它。

☞ 知识窗2:

储位经过了编码,在管理上具有以下功能:

(1) 确定储位资料的正确性。
(2) 提供计算机中相应的记录位置以供识别。
(3) 提供进出货、拣货、补货等人员存取物品的位置依据,方便物品进出、上架及查询,节省重复找寻物品的时间。
(4) 提高调仓、移仓的工作效率。
(5) 可以利用计算机处理分析。
(6) 因记录正确,可迅速储存或拣货。
(7) 方便盘点。
(8) 可让仓储及采购管理人员了解储存空间,以控制物品存量。
(9) 可避免物品因胡乱堆置导致过期而报废,并可有效掌握存货,降低库存量。

工作任务2:熟悉掌握储位系统标记的方法

☞ 知识窗1:区段方式

区段方式指把保管区域分割为几个区段,再对每个区段编码。这种编码方式是以区段为单位,每个号码所代表的储位区域较大,因此,适用于容易单元化装载的物品,以及大量或保管周期短的物品。在ABC库存分类法中的A、B类物品很适合这种编码方式(ABC分类法见学习情境7)。物品以物流量大小来决定其所占的区段大小,以进出货频率来决定其配置顺序。

☞ 知识窗2:商品群别方式

商品群别方式指把一些相关物品经过集合后,区分成几个商品群,再对每个商品群进行编码。这种编码方式适用于按商品群类别保管及品牌差距较大的物品,例如服饰、五金物品等。

☞ 知识窗3:地址式

地址式指利用保管区域中的现成参考单位,例如建筑物第几栋、区段、排、行、层、格等,依照其相关顺序来进行编码。该方式是目前物流配送中心使用最多的一种编码方式。但由于其储位体积所限,适合一些量少或单价高的物品储存使用,例如ABC库存分类法中的C类物品。

☞ 知识窗4:坐标式

坐标式指利用空间概念来编排储位。由于其储位切割细小,在管理上比较复杂,适用于流通率很低、长时间存放的物品。

☞ 知识窗5:举例说明

通常我们把货架纵列数称为"排",每排货架水平方向的货格数称为"列",每列货架垂直方向的货格数称为"层"。一个货架系统的规模可用"排数×列数×层数",即货格总数来表示。例如,"50 排×20 列×5 层",其货格总数为 5 000 个。

在一个货架系统中,某个货格的位置(即储位)可以用其所在的排、列、层的序数来表示,称之为储位的地址,例如"03 – 15 – 04"即表示第 3 排、第 15 列、第 4 层的储位。用储位地址作为货格的编号,简单明了,具体例子如表 1 – 13 所示。

表 1 – 13 地址式编码的举例

项目	编码的意义				
数字	10	3	15	72	3
含义	储存区域	楼	排	列	层
说明	储存区域从"1"开始标号	楼层	较长列,又称"Cross Row",一般设定标号不超过 50,即 STACK 列数由左至右不超过 50	较短列,即以货架区分,又称"Main Row",一般由 51 开始标号,因 1~50 保留给较长列(排)编号	每一货架由下向上数的层数
数字范围	大批量储区		按照规模设在 30~50	51~100	
	中批量储区			101~150	
	小批量储区			151	

标签号码 103 – 15 – 723,其意义如下:

(1) "10 – BLDG"指储存区域,由"1"开始标号。

(2) "3 – FLOOR"指库房楼层级。

(3) "15 – STACK;排"指较长列,又称"Cross Row",一般设定标号不超过"50",即 STACK 列数由左至右不超过 50。

(4) "72 – ROW;架"指较短列,即以货架区分,又称"Main Row",一般由"51"开始标号,因 01 – 50 保留给较长列(排)编号。

(5) "3 – LEVEL"指每一货架由下向上数的层数。

学习情境 5　储存方式

知识点:储存方式的种类。

关键技能点:掌握不同种类的储存方式。

工作任务 1:认知不同种类的储存方式。

☞ **知识窗 1:托盘堆垛方式**

托盘堆垛方式即使用叉车将满载物品的托盘直接放置到储存的位置,再将第二个托盘、第三个托盘的物品用叉车依次提升叠放。这种方式完全采用叉车作业，不需人力，但托盘上的物品必须堆码平整，让上面的托盘能平稳放置。

☞ 知识窗2：货架储存方式

货架储存系统的优点是：可以充分利用库房的高度，消灭或降低蜂窝率，提高仓容利用率；便于机械化和自动化操作；每一货格都可以任意存取，物品品类的可拣选率达到100%；物品不受上层堆叠的重压，特别适宜于异型物品和怕压易碎的物品；便于实行定位储存和计算机管理。

工作任务2：理解提高货架储存系统空间利用率的措施。

☞ 知识窗1：驶入式和通过式货架

这类货架必须使用托盘，实质上是一种多托盘进深的货架，叉车直接进入货架进行存取作业。驶入式货架，后部有支撑，叉车必须倒车退出；通过式货架后部不设支撑，叉车可以通过货架。由于叉车要驶进货架，货架不设横梁，代之以悬臂在支柱上的纵向托盘搁置梁。这类货架的构造简单，主要用于储存少品种、大批量而且进出不频繁的物品。

☞ 知识窗2：重力式货架

重力式货架一般用于托盘物品，它由一组上下、左右并列的"滑道"组成。所谓"滑道"一般由左右两列的辊道或滚轮组成滑轨。滑道纵向有坡度，存货时，托盘物品从货架的高端送入，在重力的作用下向前滑行，依次排列存放在滑道上；取货时，在货架的底端取出第一个托盘，后面的托盘随着逐个向前下滑。重力式货架的优点十分突出：仓库空间利用率极高；先进先出，适用于季节性生产并大进大出的物品，也适用于零进整出或整进零出的物品；仓库搬运和堆垛能耗较低。

学习情境6　考核储存管理的效率指标

知识点：储存管理效率考核指标。

关键技能点：熟悉储存管理效率考核指标。

工作任务：熟悉储存管理效率考核指标。

☞ 知识窗：储存管理效率考核指标（见表1-14）

表1-14　储存管理效率考核指标

指标	计算公式	应用目的说明
储区面积率	$\dfrac{\text{储区面积}}{\text{物流中心建筑物面积}} \times 100\%$	衡量库房空间的利用率是否恰当

续表

指标	计算公式	应用目的说明
可供保管面积率	$\dfrac{可保管面积}{储区面积} \times 100\%$	判断储位内通道规划是否合理
储位容积使用率	$\dfrac{存货总体积}{储位总容积} \times 100\%$	用以判断储位规划及使用的料架是否适当，以有效利用储位空间
单位面积保管量	$\dfrac{平均库存量}{可保管面积} \times 100\%$	
平均每品项所占储位数	$\dfrac{料架储位数}{总品项数} \times 100\%$	由每储位保管品项数的多少来判断储位管理策略是否应用得当
库存周转率	$\dfrac{出货量（营业额）}{平均库存量（平均库存金额）} \times 100\%$	用来考核公司营运绩效，以及衡量现今物品存量是否适当
库存掌握程度（仓容利用率）	$\dfrac{实际库存量}{标准库存量} \times 100\%$	作为设定产品库存的比率依据，以供存货管理的参考
库存管理费率	$\dfrac{库存管理费用}{平均库存量} \times 100\%$	衡量公司每单位存货的库存管理费用
呆废料率	$\dfrac{呆废料件数（金额）}{平均库存量（金额）} \times 100\%$	用来测定物料耗损影响资金积压的状况
有效范围	$\dfrac{库存量}{平均每天需求量} \times 100\%$	
客户满足率	$\dfrac{提供给客户的商品量}{客户需求量} \times 100\%$	
进、发货准确率	$\dfrac{期内吞吐量 - 出现差错总量}{期内吞吐量} \times 100\%$	
货损货差赔偿费率	$\dfrac{货损货差赔偿费总额}{同期业务收入总额} \times 100\%$	

学习情境7 存货管理

知识点：存货管理的意义、目的、关键问题和方法。

关键技能点：掌握如何合理管理库存。

工作任务1：认知存货管理的意义。

☞ *知识窗：*

存货具有调节生产与销售的作用。不适当的存货管理往往造成有形或无形的极大损失，尤其对于流通速度极快但客户订货无法事前掌握预测的物流中心，存货的管理更加重要。而存货管理是希望将物品的库存量保持在适当的标准内，以免过多存货造成资金积压、增加保管困难，或存货过少导致浪费仓容、供不应求。因此存货管理具有两项重大意义：一是确保存货能配合销售情况、交货需求，以提供客户满意的服务；二是设立存货控制基准，以最经济的订购方式与控制方法来提供营运所需的供应。

工作任务2：理解存货管理的目的。

☞ *知识窗：存货管理的目的*

（1）减少超额存货投资：保持合理的库存量，减少存货投资，如此可灵活运用资金（固定资金减少），并使营运资金的结构保持平衡。

（2）降低库存成本：保有合理库存可减少由库存所引起的持有成本、订购成本、缺货成本等，降低库存成本。

（3）保护财务：防止有形资产流失，且使存货的价值在账簿上能有正确的记录，以达到财务保护的目的。

（4）防止迟延及缺货，使进货与存货取得全面平衡。

（5）减少呆料的发生，使存货因变形、变质、陈腐产生的损失减至最少。

前三者属于财务合理化的目的，后二者则属于作业合理化的目的。

工作任务3：熟悉存货管理的关键问题。

☞ *知识窗1：何时必须补充存货——订购点的问题*

订购点，也称订货点，是指库存量降至某一数量时，应即刻请购补充的点或界限。一旦订购点抓得过早，则将使存货增加，相对增加了物品的在库成本及空间占用成本；倘若订购点抓得太晚，则将造成缺货，甚而流失客户、影响信誉。因而订购点的掌握非常重要。

☞ *知识窗2：必须补充多少存货——订购量的问题*

订购量是指在存量已达请购点时，决定请购补充的数量，按此数量请购，方能配合最高存量与最低存量的基准。一旦订购量过多，则物品的在库成本增加；若订购量太少，物品可能有供应间断之虞，且订购次数必增加，亦提高了订购成本的花费。

☞ *知识窗3：应维持多少存货——存量基准的问题*

知识窗3-1：最低存量

最低存量是指管理者在衡量企业本身特性、需求后，所制定的物品库存数量应予维持的最低界限。最低存量又分为理想最低存量及实际最低存量两种。

（1）理想最低存量：理想最低存量又称购置时间（自开始订购物品至将物品运入物流中心的采购周期时间）使用量，也就是采购期间尚未进货时的物品需求量，这是企业需维持的临界库存,一旦物品存量低于此界限,则有缺货、停工的危险。

(2)实际最低存量:既然理想最低存量是一临界库存,因而为保险起见,许多企业会在理想最低存量外再设定一准备的安全存量,以防供应不及发生缺货,这就是实际最低存量。实际最低存量亦称最低存量,为安全存量与理想最低存量之和。

知识窗3-2:最高存量

最高存量是指为防存货过多浪费资金,各种物品均应限定其可能的最高存量,也就是物品库存数量的最高界限,最高存量可作为内部警戒的一个指标。

☞ *知识窗4:确定最佳库存管理模型的步骤*

知识窗4-1:库存管理模型

确定合理库存是物流管理的重要内容之一。对于库存管理没有统一的模型,而且每个企业都有自己特殊的库存管理要求,所以企业只能根据自己的情况,建立有关模型,解决具体问题。库存管理模型应抓住补充、存货、供给等这几个相互联系的环节。为了确定最佳的库存管理模型,需要掌握每日存货增减的情况和有关项目的内容。建立模型时,可采用如图1-13所示的步骤。

图1-13 确定最佳库存管理模型的步骤

知识窗4-2-1:ABC库存分类法

企业经营的商品品种繁多,不同的品种对资金占用和库存周转的影响存在较大的差异,因此有必要对商品品种进行分类,实施不同的管理方法。一般最常用和最有效的分类方法就是ABC库存分类法。

ABC库存分类法,是指按一定指标(如销售量,配送中心的出货量、进货量等)对商品进行分类的方法。例如,可以根据每年销售额的多少,按各品种销售额指标的大小依次排列,并分别计算出各项品种指标占综合品种指标的比例,再按大小顺序累计相加,然后描绘出这些品种的两种累计率的对应图,该图即可称为ABC曲线图,如图1-14所示。通常,A类商品的销售量约占总销量的70%;B类商品的销售量约占总销量的20%;剩余的为C类商品,其销售量约占总销量的10%。最后,在分类的基础上,按照A、B、C三类商品的顺序，寻求管理对策。

图 1-14　ABC 曲线图

知识窗 4-2-2：预测需求量

预测需求量时，首先要选择预测方法。预测方法并不是越复杂越好，而是它能否提高对重要物品需求预测的准确度。其次要确定预测期间。预测期间包括按年预测和按供应期间预测两种。在实际操作中，预测值和实际值很难完全一致，误差在所难免，配送中心通常以安全库存来弥补预测误差。具体的预测方法包括：掌握以往的物品实际需求量的分布状况和趋势；用统计分布理论做近似模型，进行简单预测；当简单预测无效时，使用指数平滑法进行预测，采用指数平滑法进行预测时，应特别注意历史资料的收集与利用。

知识窗 4-2-3：计算与库存管理相关的费用

在划分商品品种的基础上，分两步计算各种商品的库存管理费用：第一，要明确库存管理中所涉及的全部费用；第二，对费用进行统计计算。事实上，识别库存管理费用是很困难的。这是因为会计记录难以按品种划分费用，而且会计上的费用划分有其特定的原则，它是固定的、连续使用的，与库存有关的管理费用却因周围情况和计划时期的长短而有所变更。对于跨部门的费用和机会费用等，一般凭借经验和统计手段来判别。库存管理费用一般包括与订货和保管相关的费用，如表 1-15 所示。

表 1-15　库存管理的相关费用

项目	内容
订货费	因订货次数不同，所以通常以每次订货的费用来表示
1. 购入费	即商品的进价，应注意大量进货时商品折价的情况
2. 事务费：通信费、运输费等	包括与订货有关的通信费、工作时间的外勤费、运输费、入库费等
保管费	根据库存量的不同而发生变化的费用
1. 利息	利息可以是因为库存占用资金所要支付的利息，也可以是为了增加库存而支付的费用，或企业对库存投资希望得到的利益等。一般在上述费用中取大值

续表

项目	内容
2. 保险金	防止库存短缺而发生的费用
3. 搬运费	库存量变化时产生的库内托运费
4. 仓库经费	包括建筑物设备费、地租、房租、修理费、水费、电费、水暖费等
5. 盘点物品损耗费	物品变质、丢失、损耗产生的费用
6. 税金	库存资金的税金
库存调查费	信息收集和分析整理时产生的费用
缺货费	也称机会损失费,是指由于缺货不能为顾客服务所发生的费用,或由于紧急订货而发生的特别费用等

知识窗 4-2-4:确定服务率

服务率是指在一定期间内,例如一年、半年内,配送中心不缺货时间与总供应时间的比率。服务率的反面即缺货率,两者的和为1。服务率的高低,对企业经营有着重要意义。服务率越高,要求拥有的库存量就越多。必须根据企业的战略、商品的重要程度来确定该指标。重要商品(如 A 类商品和促销品)的服务率可定为 95%~100%。对于次重要或不重要的商品的服务率,可以定得相对低一些。服务水平提高,库存管理费用也会随之增加。

知识窗 4-2-5:确定供应间隔期

供应间隔期是指从订货到交货所需要的时间,又称供货期间,它主要是根据供应商的情况来确定。如果物流配送中心是从生产商处直接进货,必须充分了解生产商的生产过程、生产计划、工厂仓库的储存能力等情况,在进行全面的分析之后再确定供应间隔期。供应商的供应间隔期长,意味着配送中心库存量的增加,所以供应间隔期越短越好。若供应间隔期有变动,则需要增加安全库存量以确保供应。因此,订货之初就应明确有约束的安全供应间隔期。

知识窗 4-2-6:确定订购点

(1)订货有两种方式:一是定期订货,二是订购点订货。定期订货是事前确定固定的订购周期,定期补充库存的订货方式,这种方式适用于重要物品的订货管理。定期订货一般以每周、每月或3个月为一个订货周期,其计算公式如下:

$$订货周期 = \frac{平均一次订货量}{单位时间内平均需求量}$$

(2)订购点订货是指库存即将低于一定水平时即发出订购指令的订货方式。订购点是指在补充库存之前,即在订购库存物品的时点上,仓库所具备的库存量,如图1-15所示。

图1-15 库存量变化示意图

（3）订购点上仓库所具备的库存量，要适应订购商品供货期间所需的量。当需要量和供货期间没有变动时：

订购点 = 供货期间单位时间内平均需要量 × 供应时间

当需要量和供货期间发生变化时：

订购点 = 供货期间的需要量 + 该期间变动所需要的预备库存量
　　　 = 供货期间的一般需要量 + 该期间不确定因素所需要的预备库存量
　　　 = （单位时间内平均需要量 × 供应时间）+ 安全库存量

知识窗4-2-7：计算安全库存量

安全库存量是指除保证正常状态下的库存计划量之外，为了防止因不确定因素引起的缺货而备用的缓冲库存，如图1-16所示。如果不确定因素考虑过多，就会导致库存过剩。不确定因素主要来自两个方面：一方面是需求量预测的不确定，另一方面则是供货期间的不确定。安全库存量的计算公式如下：

安全库存量 = 安全系数 × 根据需要及供货期间等变动确定的库存量

图1-16 库存量的变化与安全库存量

知识窗4-2-8：确定订货量

（1）订货量的确定是库存管理的核心。订货量是指以最少的库存管理费用，达到最满意的服务质量时的订货量。物流配送中心通常采用经济订货批量模型来确定最佳的订货量。研究经济订货批量的方法，是用年库存管理的总费用和订货量的关系来表示的，如图1-17所示。

图 1-17 订货量与费用

（2）订货量越大，库存越多，与库存相关的保管费用也相应增加；但同时，由订货量的增加导致了订货次数的减少，而与订货有关的各项费用也相应减少。由此可见，保管费用和订货费用反映出相反的增减关系，呈此消彼长的状态。在求出每次订货量的保管费用和订货费用之和的总费用最小值时，所对应的订货量就是经济订货批量，其计算公式如下：

$$Q = \sqrt{\frac{2RC}{Pi}}$$

在公式中，Q 表示平均每次的订货量；R 表示年需求量；C 表示平均每次订货发生的费用；P 表示库存物品的单价；i 表示年保管费与库存物品金额的比率。

（3）某一期间内平均库存量的确定可参考如下计算公式：

$$平均库存量 = \frac{订货量}{2} + 安全库存量$$

实训场景 3
盘点作业

学习情境 1　盘点作业的步骤

知识点：盘点作业的步骤。
关键技能点：熟悉盘点作业的每个步骤。

工作任务 1：熟悉盘点准备步骤。

☞ *知识窗*：

盘点作业的事先准备工作是否充分，关系盘点作业进行的顺利程度。为了使盘点在短暂的时间内，利用有限的人力达到迅速准确的目标，事先的准备工作内容如下：

（1）明确建立盘点的程序方法。因盘点场合、需求的不同，盘点的方法也有差异，为防止不同状况的产生，必须明确盘点的方法，以便盘点时不致混淆。

（2）配合会计进行盘点。

（3）盘点、复盘、监盘人员必须经过训练。

（4）经过训练的人员必须熟悉盘点用的表单。

（5）盘点用的表格必须事先印制完成。

（6）库存资料必须确实结清。

工作任务 2：掌握如何决定盘点时间。

☞ *知识窗 1*：

一般性物品就货账相符的目标而言盘点次数愈多愈好，但每次实施盘点必须投入人力、物力、财力，这些成本耗资不小，因此也很难经常开展。事实上，导致盘点误差的关键主因是出入库的过程，可能是因出入库作业传票的输入、检查点数的错误，或是出入库搬运造成的损失，因此一旦出入库作业次数多时，误差也会随之增加。所以，以一般生产厂而言，因其物品流动速度不快，半年至一年实施一次盘点即可。

☞ *知识窗 2*：

在物流中心物品流动速度较快的情况下，既要防止过多盘点对公司造成的损失，但又碍于可用资源的限制，因而最好能视物流中心各物品的性质制定不同的盘点时间。例如，在建立了物品类别 ABC 管理的公司，我们建议：A 类主要物品，每天或每周盘点一次；B 类物品，每两三周盘点一次；C 类较不重要物品，每月盘点一次即可。

☞ *知识窗 3*：

在未实施物品类别 ABC 管理的公司，至少也应对较容易损耗毁坏及高单价的物品增

加盘点次数。另外要注意的是,当实施盘点作业时,时间应尽可能缩短,以2~3日内完成较好。至于选择的日期一般会选择在:

(1)财务决算前夕——因便利决算损益以及表达财务状况。

(2)淡季进行——因淡季存货量少盘点容易,人力的损失相对降低,且调动人力较便利。

工作任务3:了解盘点人员的培训。

☞ *知识窗:*

为使盘点工作得以顺利进行,盘点时必须增派人员协助进行,至于由各部门增援的人员必须组织化并且施以短期训练,使每位参与盘点的人员能发挥其功能。人员的培训分为两部分:

(1)针对所有人员进行盘点方法训练,其中对盘点的原则、程序、表格的填写必须充分了解,工作才能得心应手。

(2)针对复盘与监盘人员进行认识物品的培训。因为复盘与监盘人员对物品大多数并不熟悉,故而应加强物品的认识,以利盘点工作进行。

工作任务4:认知储存场所的清理。

☞ *知识窗:*

(1)在盘点前,对供应商交来的物料必须明确其所有数,若已验收完成属物流中心,应即时整理归库,若尚未完成验收程序则属于供应商,应划分清楚,避免混淆。

(2)储存场所在关闭前应通知各需求部门预先取出所需的物品。

(3)储存场所整理完成,以便计数盘点。

(4)预先鉴定呆料、废品、不良品,以便盘点时的鉴定。

(5)账卡、单据、资料均应整理后加以结清。

(6)储存场所的管理人员在盘点前应自行预盘,以便提早发现问题并加以预防。

工作任务5:掌握盘点工作。

☞ *知识窗:*

盘点时,因工作单调琐碎,人员较难持之以恒,为确保盘点的正确性,除人员培训时加强宣传外,工作进行期间应加强领导与监督。盘点表如表1-16所示。

表1-16 盘点表

盘点表编号:_____								
区域号:_____ 盘点人:_____ 复核人:_____								
储位号码	商品名称	规格	条形码	赠品或配件	盘点数量	复核数量	差异

工作任务6：掌握盘点差异原因的处理。

☞ 知识窗：

当盘点结束后，发现所得数据与账簿的资料不符时，应追查差异产生的原因，其着手的方向有：

（1）是否因记账人员素质不足，致使物品数目无法表达。
（2）是否因料账处理制度的缺点，导致物品数目无法表达。
（3）是否因盘点制度的缺点导致货账不符。
（4）盘点所得的数据与账簿的资料之间的差异是否在容许误差内。
（5）盘点人员是否尽责，产生盈亏时应由谁负责。
（6）是否产生漏盘、重盘、错盘等状况。
（7）盘点的差异是否可事先预防，是否可以降低料账差异的程度。

工作任务7：掌握盘盈、盘亏的处理。

☞ 知识窗：

追查差异原因后，应针对主因进行调整与处理，至于呆废品、不良品减价的部分与盘亏一并处理。有些物品除盘点时产生数量的盈亏外，还会在价格上产生增减，这些变化在经主管审核后必须利用物品盘点盈亏及库存更正表修改，如表1-17所示。

表1-17 物品盘点盈亏及库存更正表

部门：															年 月 日		
物品编号	物品名称	单位	账面资料			盘点实存			数量盈亏				价格增减				差异原因素	负责人	备注
			数量	单位	金额	数量	单价	金额	盘盈		盘亏		盘盈		盘亏				
									数量	金额	数量	金额	数量	金额	数量	金额			
差异原因代码：① ② ③ ④ ⑤																			
配送中心经理： 申请人：																			

学习情境2　盘点方式

知识点：盘点的种类和方法。

关键技能点：熟悉盘点的不同种类和方法。

工作任务1：熟悉盘点的种类。

☞ 知识窗：

就像账面库存与现货库存一样，盘点也分为账面盘点及现货盘点。

（1）账面盘点又称为永续盘点，就是把每天入库及出库物品的数量及单价，记录在电脑或账簿上，而后不断地累计加总算出账面上的库存量及库存金额。

（2）现货盘点也称为实地盘点或实盘，也就是实际去点数，调查仓库内的库存数，再依物品单价计算出实际库存金额的方法。

（3）要得到正确的库存情况并确保盘点无误，最直接的方法就是账面盘点与现货盘点的结果要完全一致。如一旦存在差异，即产生"料账不符"的现象，究竟是账面盘点记错或是现货盘点点错，则须寻找错误原因，才能得出正确结果及确定责任归属。

工作任务2：熟悉盘点的方法。

☞ 知识窗1：账面盘点法

账面盘点法是将每一种物品分别设账，然后将每一种物品的入库与出库情况详加记录，不必实地盘点即能随时从电脑或账册上查悉物品的存量，通常量少而单价高的物品较适合采用此方法。

☞ 知识窗2：现货盘点（实地盘点）法

现货盘点法依其盘点时间频度的不同又分为期末盘点法及循环盘点法。期末盘点法是指在期末一起清点所有物品数量的方法，而循环盘点法则是在每天、每周即做少种少量的盘点，到了月末或期末每项物品至少完成一次盘点的方法。

知识窗2-1：期末盘点法

由于期末盘点法是将所有物品一次盘完，因而必须全体员工出动，采取分组的方式进行盘点。一般来说，每组盘点人员至少要3人，以便能互相核对减少错误，同时也能彼此牵制避免弊端。

知识窗2-2：循环盘点法

（1）循环盘点法即将每天或每周当作一个周期来盘点，其目的除减少过多的损失外，对于不同物品进行不同管理也是主要原因，就如同前述ABC库存分类法的做法，价格愈高或愈重要的物品，盘点次数愈多，价格愈低愈不重要的物品，就尽量减少盘点次数。循环盘点法因为一次只进行少量盘点，因而只需专门人员负责即可，无须动用全体人员。循环盘点法最常用的单据为现品卡，其使用方式为每次出入库一面查看出入库传票，一面把出入库年月、出入库数量、传票编号、库存量登记在现品卡上。

（2）使用现品卡的主要目的在于：使作业者对出入库数量及库存量有具体的数字认知；可协调进行出入库的分配管理，并在错误发生时能立即调查；随时掌握库存品的流动性及库存量控制的情况。

（3）然而关于现品卡的必要与否持有不同观点。一般如果不采用现品卡，就要以单纯点数核对的方式进行循环盘点。而若使用现品卡，除在每一次物品出入库都要予以记载外，对于在盘点时的点数核对工作也较详细，虽做法较麻烦，但对盘点差异原因的追溯却较为快速、正确。

> **知识窗 2-3：期末盘点法和循环盘点法的差异**

我们将期末盘点法和循环盘点法的差异整理于表 1-18 中。企业应该以本身情况选择较适用的盘点方式，但大体而言，循环盘点法较能针对各物品需要做适时管理，且易收盘点成效。事实上，有些企业是将两种盘点法同时并用，平时针对重要物品做循环盘点，而至期末再将所有物品做一期末大盘点，如此不仅循环盘点的误差能渐渐减少，就算是期末的大盘点，其误差率也因循环盘点法的配合进行而大幅降低，同时期末盘点法所需时间也因平时循环盘点法的整理与管理改善而缩短许多。

表 1-18 期末盘点法和循环盘点法的差异

项目	期末盘点法	循环盘点法
时间	期末、每年仅数次	平常、每天或每周一次
所需时间	长	短
所需人员	全体动员（或临时雇用）	专门人员
盘差情况	多且发现得晚	少且发现得早
对营运的影响	须停止作业数天	无
对品项的管理	平等	A 类重要物品：仔细管理 C 类不重要物品：稍微管理
盘差原因追究	不易	容易

学习情境 3　盘点结果评估

知识点：盘点结果的六项指标、可了解的问题。

关键技能点：通过对盘点结果的思考，评估检查库存状况。

工作任务 1：了解通过盘点结果可体现的问题。

> **知识窗：**

进行盘点的目的主要就是希望能依靠由盘点来检查如今物品的出入库及保管状况。凭借盘点结果可了解的问题主要有以下五点：

（1）在这次盘点中，实际存量与账面存量的差异是多少？
（2）这些差异是发生于哪些品项？
（3）平均每一差异量对公司损益造成多大影响？
（4）每次循环盘点中，有几次确实存在误差？
（5）平均每品项发生误差的次数是多少？

工作任务2：熟悉盘点结果中的六项指标。

☞ *知识窗：*

(1) 盘点数量误差＝实际库存－账面库存……………………………………………（a）
(2) 盘点数量误差率＝盘点数量误差/实际库存数………………………………（b）
(3) 盘点品项误差率＝盘点品项误差数/盘点实际品项数………………………（c）
(4) 平均每件盘差品金额＝盘差误差金额/盘差总件数…………………………（d）
(5) 盘差次数比率＝盘点误差次数/盘点执行次数………………………………（e）
(6) 平均每品项盘差次数比率＝盘差次数/盘差品项数…………………………（f）

工作任务3：掌握盘点结果分析评估。

☞ *知识窗1：若（b）高、（c）低时说明什么问题？二者相反时说明什么问题？*

当盘点数量误差率高，但盘点品项误差率低时，表示虽发生误差的物品品项减少，但每一发生误差品项的数量却有提高的趋势。此时应检查负责这些品项的人员有无尽责，以及这些物品的置放区域是否得当，有无必要加强管理。相反地，当盘点数量误差率低，但盘点品项误差率高时，表示虽然整个盘点误差量有下降趋势，但发生误差的物品品项却增多。发生误差的品项太多将使后续的更新修改工作更为麻烦，且可能影响出货速度，因此亦需对此现象加强管理。

☞ *知识窗2：若（d）高，说明什么问题？*

若此指标高，表示高价位产品的误差发生率较大，可能是公司未实施物品重点管理的结果，对公司营运将造成很不利的影响。因此最好的改善方式是确实施行商品ABC分类管理。

☞ *知识窗3：若（f）高，说明什么问题？*

若此指标高，表示盘点发生误差的情况大多集中在相同的品项，此时对这些品项有必要提高警觉，且确实深入寻找导致问题产生的原因。

实训场景 4

订单处理作业

学习情境 1　订单处理的一般作业流程

知识点：订单处理作业流程中的工作环节。

关键技能点：熟悉订单处理的一般作业流程的环节及其处理方式。

工作任务 1：认知具体订单处理的定义和一般流程。

☞ *知识窗*：

从接到客户订货开始到准备出货之间的作业阶段，称为订单处理，这一阶段包括订单确认、存货查询、库存分配和出货配送等。订单处理是与客户直接沟通的作业阶段，对后续的拣选作业、调度和配送产生直接的影响。订单处理有人工处理和计算机处理两种形式，目前主要是电子订货。电子订货借助电子订货系统，采用电子资料交换方式取代传统的订单、接单方式。订单处理的一般流程如图 1 – 18 所示。

图 1 – 18　订单处理的一般流程

工作任务2：了解订单处理中接受订货的方式。

☞ **知识窗1：传统的人工下单、接单的订货方式**

知识窗1-1：厂商补货

这种订货方式指供应商直接将商品放在车上，一家一家去送货，缺多少补多少。这种方式对于周转率较快的商品或新上市商品较常使用。

知识窗1-2：厂商巡货、隔日送货

这种订货方式指供应商派巡货人员前一天先至各客户处寻找需补充的商品，隔天再予以补货。此方式的优点是供应商可利用巡货人员为店铺整理货架、贴标签或提供经营管理意见、市场信息等，亦可促销新品或将自己的商品放在最占优势的货架上。此种方式的缺点是供应商可能会将巡货人员的成本加入商品的进价中，而且供应商乱放货将造成零售业者难以管理、分析自己所卖的商品。

知识窗1-3：电话口头订货

订货人员将商品名称及数量，以电话口述的方式向供应商订货。但因客户每天订货的品项可能达数十项，而且这些商品常需由不同的供应商供货，因此利用电话口头订货所费时间太长，且错误率高。

知识窗1-4：传真订货

客户将缺货资料整理成书面资料，利用传真机传给供应商。利用传真机虽可快速传送订货资料，但其传送资料效果不好，常增加事后确认作业。

知识窗1-5：邮寄订单

客户将订货表单或订货磁片、磁带邮寄给供应商，近年来的邮寄效率及品质已不符合所需。

知识窗1-6：客户自行取货

客户自行到供应商处看货、补货。此种方式多为传统杂货店因地缘近所采用。客户自行取货虽可省却物流中心配送作业，但个别取货可能影响物流作业的连贯性。

知识窗1-7：业务员跑单接单

业务员至各客户处推销产品，而后将订单携回或紧急时以电话先联络公司通知客户订单。

不管利用何种方式订货，上述这些订货方式皆需人工输入资料，而且经常重复输入、传票重复誊写，并且在输入输出间常造成时间耽误及发生错误，这些都是无谓的浪费。尤其现今客户更趋高频度的订货，且要求快速配送，传统订货方式已无法应对需求，这使得新的订货方式——电子订货应运而生。

☞ **知识窗2：计算机直接送收订货资料的电子订货方式**

电子订货，顾名思义，即由电子传递方式取代传统人工书写、输入、传送的订货方式，也就是将订货资料转为电子资料形式，借由通信网路传送，此系统即称电子自动订货系统（Electronic Order System，EOS），它是采用电子资料交换方式取代传统商业下单、接单动作的自动化订货系统。电子订货方式可分为以下三种：

知识窗2-1：订货簿或货架标签配合手持终端机（Handy Terminal，HT）及扫描器

订货人员携带订货簿及扫描器巡视货架，若发现商品缺货则用扫描器扫描订货簿或货架上的商品标签，再输入订货数量，当所有订货资料皆输入完毕后，利用数据机将订货资料传给总公司或供应商。

知识窗 2-2：销售时点管理系统（Point of Sale，POS）

客户如有 POS 收银机则可在商品库存档里设定安全存量，每当销售一笔商品时，电脑自动扣除该商品库存，当库存低于安全存量时，即自动产生订货资料，将此订货资料确认后即可通过电信网路传给总公司或供应商。亦有客户将每日的 POS 资料传给总公司，总公司将 POS 销售资料与库存资料比对后，根据采购计划向供应商下单。

知识窗 2-3：订货应用系统

客户信息系统里若有订单处理系统，可将应用系统产生的订货资料，经由转换软件转成与供应商约定的共通格式，在约定时间里将资料传送出去。

一般而言，通过电脑直接连线的方式最快，也最准确，而借邮寄、电话或销售员携回的方式较慢。由于订单传递时间是订货前置时间内的一个因素，可经由存货水准的调整来影响客户服务及存货成本，因而传递速度快、可靠性及正确性高的订单处理方式，不仅可大幅提升客户服务水准，对于存货相关的成本费用亦能有效地缩减。但是，通过电脑直接传递往往较为昂贵，因而究竟要选择哪一种订单传递方式，应在比较成本与效益的差异后决定。

工作任务 3：掌握查核客户信用的途径。

☞ **知识窗：**

不论订单是由何种方式传至公司，配销系统的第一步骤即要查核客户的财务状况，以确定其是否有能力支付该订单的款额，其做法多是检查客户的应收账款是否已超过其信用额度。因而接单系统中应设计下述两条途径来查核客户信用的状况：

1. 客户代号或客户名称输入

当输入客户代号或名称资料后，系统即复核客户的信用状况。若客户应收款额已超过其信用额度时，系统加以警示，输入人员决定是否继续输入其订货资料或决定拒绝其订货。

2. 订购品项资料输入

若客户此次的订购金额加上以前累计的应收款额，超过信用额度时，系统将此笔订单资料锁定，以便主管审核，审核通过，此笔订单资料才能进入下一个处理步骤。

工作任务 4：掌握订单的交易方式及相应的处理方法。

☞ **知识窗：**

物流中心虽有整合传统批发商的功能以及有效率的物流、信息处理功能，但在面对众多的交易对象时，似乎仍需因客户的不同需求而有不同的做法，这反映在接受订货业务上，可看出其具有多种的订单交易形态，即物流中心因不同的客户或不同的商品有不同的交易及处理方式。订单交易形态及相应处理方式整理如表 1-19 所示。

表 1-19 订单交易的处理方式

订单类别	交易形态	处理方式
一般交易订单	正常、一般的交易订单，接单后按正常的作业程序拣货、出货、配送、收款结案的订单	接单后，将资料输入订单处理系统，按正常的订单处理程序处理，资料处理完后进行拣货、出货、配送、收款结案等作业
现销式交易订单	与客户当场直接交易、直接给货的交易订单。如业务员到客户处巡视物品、铺销所得的交易订单或客户直接至物流中心取货的交易订单	订单资料输入后，因物品已交予客户，故订单资料不需要再参与拣货、出货、配送等作业，只需要记录交易资料，以便收取应收款项
间接交易订单	客户向物流中心订货，但由供应商直接配送给客户的交易订单	接单后，将客户的出货资料传给供应商由其代配。此方式需要注意客户的送货单是自行制作或委托供应商制作的，出货资料（送货单回联）应核对确认
合约式交易订单	与客户签订配送契约的交易，如签订某期间内定时配送某数量商品	约定的送货日来临时，需将该配送资料输入系统处理以便出货配送；或一开始便输入合约内容的订货资料并设定各批次送货时间，以便在约定日期来临时系统自动产生需要送货的订单资料
寄存式交易	客户因促销、降价等市场因素而先行订购某商品，往后视需要再要求出货的交易	当客户要求配送寄存商品时，系统应检查客户是否确实有此项寄存商品，若有，则出此项商品，并且扣除此项商品的寄存量。注意此项商品的交易价格是依据客户当初订购时的单价计算
兑换券交易	客户兑换券所兑换商品的配送出货	将客户兑换券所兑换的商品配送给客户时，系统应查核客户是否有此兑换券回收资料，若有，依据兑换券兑换的商品及兑换条件予以出货，并应扣除客户的兑换券回收资料

工作任务5：掌握如何建立客户主档。

☞ 知识窗：

掌握客户状况并详细加以记录，不但能让此次交易顺利进行，而且有益于增加往后合作的机会。客户主档应包含订单处理需用到的及与物流作业相关的资料：

(1) 客户姓名、代号、等级形态（产业交易性质）。
(2) 客户信用额度。
(3) 客户销售付款及折扣率的条件。
(4) 开发或负责此客户的业务员。
(5) 客户配送区域。
(6) 客户收账地址。
(7) 客户点配送路径顺序。应根据区域、街道、客户点位置，给客户点分配适当的配送路径顺序。

（8）客户点适合的车辆类型。往往客户所在地点的街道有车辆大小的限制，因而须将适合该客户点的车辆类型建于资料中。

（9）客户点下货地的特性。即客户所在地点或客户下货位置，由于建筑物本身或周围环境特性（如地下室有限高或高楼层），可能造成下货时有不同的需求及难易程度，在车辆及工具的调度上须加以考察。

（10）客户配送要求。客户对于送货时间有特定要求或有协助上架、贴标等要求亦应将其建于资料中。

（11）过期订单处理指示。若客户能统一决定每次延迟订单的处理方式，则可事先将其写入资料档案以省去临时来询问或紧急处理时的不便。

工作任务6：掌握如何按订单分配存货。

☞ *知识窗1：存货查询*

确认有效存货是否能够满足客户需求，通常称为事先拣货。存货的资料一般包括品项名称、SKU号码、产品描述、库存量、已分配存货、有效存货及期望进货时间。输入客户订购商品的名称、代号时，系统即查对存货相关资料，看此商品是否缺货。若缺货，则提供商品资料或此缺货商品的已采购未入库信息，便于接单人员与客户协调是否改订替代品或允许延后出货，以提高人员的接单率及接单处理效率。

☞ *知识窗2：分配存货*

订单资料输入系统确认无误后，最主要的处理作业是如何将大量的订货资料，做最有效的汇总分类、调拨库存，以便后续的物流作业能有效地进行。存货的分配模式可分为单一订单分配及批次分配两种。

知识窗2-1：单一订单分配

此种情形多为在线即时分配，即在输入订单资料时，就将存货分配给该订单。

知识窗2-2：批次分配

此种分配指累积汇总数笔已输入订单资料后，再一次分配库存。物流中心因订单数量多、客户类型等级多，且多为每天固定配送次数，因此通常采取批次分配以确保库存能做最佳的分配。批次分配时，要注意订单的分批原则，即批次的划分方法。作业地不同，各物流中心的分批原则可能不同，如表1-20所示。

表1-20 批次划分原则与处理方法

批次划分原则	处理方法
按接单时序	将整个接单时段划分成几个区段，若一天有多个配送梯次，可配合配送梯次，将订单按接单先后分为几个批次处理
按配送区域路径	将同一配送区域路径的订单汇总一起处理
按流通加工需求	将需加工处理或有相同流通加工处理的订单汇总一起处理

续表

批次划分原则	处理方法
按车辆需求	若配送商品需特殊的配送车辆（如低温车、冷冻车、冷藏车）或客户所在地、送货特性需特殊形态的车辆可汇总合并处理

然而，以批次分配选定参与分配的订单后，若这些订单的某商品总出货量大于可分配的库存量，可依照表1-21所列原则来决定有限库存的条件下客户订购的优先性。

表1-21 有限库存的条件下客户订购的优先性

批次划分原则	处理方法
具特殊优先权者先分配	对于一些例外的订单，如缺货补货订单、延迟交货订单、紧急订单或远期订单，这些在前次即应交货的订单，或客户提前预约的订单，或紧急的订单，应有优先取得存货的权利。因此当存货已补充或交货期限到时，应确定这些订单的优先分配权
依客户等级来取舍	将客户重要性程度高的做优先分配
依订单交易量或交易金额来取舍	将对公司贡献大的订单做优先分配
依客户信用状况	将信用较好的客户订单做优先分配
依系统自定义	依系统自定义做优先分配

工作任务7：熟悉如何计算拣取的标准时间。

☞ *知识窗：*

由于要有计划地安排出货时间，因而对于每一个订单或每批订单可能花费的拣取时间应事先掌握，对此即要计算订单拣取的标准时间。

第一阶段：首先计算每一单元（一栈板、一纸箱、一件）的拣取标准时间，且将之设定于电脑记录标准时间档，将此个别单元的拣取时间记录下来，则不论数量多少，都很容易推导出整个标准时间。

第二阶段：有了单元拣取标准时间后，即可依每品项订购数量，再配合每品项的寻找时间来计算出每品项拣取的标准时间。

第三阶段：最后根据每一个订单或每批订单的订物品项及考虑一些纸上作业的时间，算出整张或整批订单的拣取标准时间。

工作任务8：掌握分配后存货不足的处理。

☞ *知识窗1：依客户意愿而言*

（1）客户不允许过期交货，则删除订单上不足额的订货，甚或取消订单。
（2）客户允许不足额的订货，等待有货时再予以补送。
（3）客户允许不足额的订货，留待下一次订单一起配送。
（4）客户希望所有订货一起送达。

☞ **知识窗2：依公司政策而言**

一些公司允许过期分批补货，但一些公司因为分批出货的额外成本不愿意分批补货，则可能宁愿客户取消订单，或要求客户延后交货日期。

☞ **知识窗3：缺货订单的处理方式**（见表1-22）

表1-22　缺货订单的处理方式

缺货订单的类别	缺货订单的处理方式
重新调拨	若客户不允许过期交货，而公司也不愿失去此客户订单时，则有必要重新调拨分配订单
补送	1. 若客户允许不足额的订货等待有货时再予以补送，且公司政策也允许，则采用补送方式； 2. 若客户允许不足额的订货或整张订单留待下一次订单一起配送，则亦采用补送处理； 但需注意，对这些待补送的缺货品项需先记录成档
删除不足额订单	1. 若客户允许不足额订单可等待有货时再予以补送，但公司政策并不希望分批出货，则只好删除不足额订单； 2. 若客户不允许过期交货，且公司也无法重新调拨，则可考虑删除不足额订单
延迟交货	1. 有时限延迟交货：客户允许一段时间过期交货，且希望所有订单一起配送； 2. 无时限延迟交货：不论须等多久客户皆允许过期交货，且希望所有订货一起送达，则等待所有订货到达再出货； 3. 对于此种将整张订单延后配送，亦需将这些顺延的订单记录成档
取消订单	若客户希望所有订单一次配达，且不允许过期交货，而公司也无法重新调拨时，则只有将整张订单取消

工作任务9：掌握订单资料处理输出。

☞ **知识窗1：拣货单（出库单）**

（1）拣货单，可以提供商品出库指示资料，作为拣货依据。拣货单的形式要配合物流中心的拣货策略及拣货作业方式来加以设计，以提供详细且有效率的拣货单，便于拣货进行。

（2）拣货单的列印应考虑商品储位，依据储位前后相关顺序列印，以减少人员重复往返取货，同时拣货的数量、单位也需详细且准确标示。随着拣货、储存设备的自动化，传统的拣货单形式已不符合要求，利用电脑、通信等方式处理和显示拣货单的方式已取代部分传统的拣货表单，如利用电脑辅助拣货的拣货棚架、拣货台车以及自动存取的 AS/RS。采用这些自动化设备进行拣货作业，需注意拣货单的格式与设备显示器的配合以及系统与设备间的资料传送及回单处理。

☞ **知识窗2：送货单**

物品配送时，通常需附上送货单给客户清点签收。因为送货单主要是给客户签收、确认出货资料，所以其正确性及明确性很重要。要确保送货单上的资料与实际送货资料相符。除出货前的清点外，送货单的打印时间及修改也须注意。

  知识窗 2-1：单据打印时间

  最能保证送货单上的资料与实际出货资料一样的方法是：在出车前，一切清点事宜都完毕，而且不符合的资料也在电脑上修改完毕，再打印出货单。但此时再打印出货单，常因单据数量多耗费许多时间，影响出车时间。若提早打印，则对于拣货、分类作业后发现实际存货不足，或客户临时更改订单等原因，造成原出货单上的资料与实际不符时，须重新打印送货单。

  知识窗 2-2：送货单内容

  送货单上的信息除基本的出货信息外，对于一些订单异动情形，如缺货品项或缺货数量等亦须打印注明。

  ☞ **知识窗 3：缺货资料**

  库存分配后，对于缺货的商品（提供依照商品的品别或供应商类别查询的缺货商品资料，以提醒采购人员紧急采购）或缺货的订单资料（提供依客户类别或外务员类别查询的缺货订单资料，以便人员处理），系统会提供查询或报表打印功能，以便人员处理。

学习情境 2 　订单处理的合理化

  知识点：配送中心订单处理系统的特点和合理化。
  关键技能点：了解订单处理的合理化带来的益处。

工作任务 1：理解配送中心订单处理系统的特点。

  ☞ **知识窗 1：配送中心订单处理系统是配送中心物流作业组织的开端和核心**

  通常一个配送中心的各个用户都要在规定时点以前将订货单或要货单通知给配送中心，然后配送中心再将这些订单汇总，并以此来进一步确定需要配送物品的种类、数量以及配送时间。确定了这些数据以后，配送中心的其他子系统就可以开始工作了。如补货系统根据发出物品的种类和数量确定需要补充的物品种类和数量，并组织采购；理货系统接到经订单处理系统确认和分配好的输出订单后，就可以开始拣货、配货了；理货系统任务完成后，输配送系统接下来进行物品的输送工作等。所以订单处理系统是配送中心物流作业组织的开端，是其他子系统开展工作的依据，订单处理系统工作效率的高低将直接影响其他后续子系统的工作。

  另外，随着竞争的加剧，目前顾客需求被看作配送中心整个物流流程的主要推动力量，订单管理部门提供的关于商品传递的速度和准确性信息，以及订单信息都将影响配送中心竞争优势的形成，因此订单处理系统在配送中心的地位越来越重要，并日益成为配送中心的核心作业子系统。

  ☞ **知识窗 2：配送中心订单处理系统的作业范围超越了配送中心的内部作业范围**

  与其他功能子系统相比，配送中心订单处理系统的作业是配送中心与用户之间的互动作业。首先用户要进行订单准备，并将订单传输给配送中心。为了提高订单处理的效率，配送中心需要用户按照规定的时间和格式将订单传输给配送中心；随后配送中心还要进行接单、订单信息输入处理、出货商品的拣货、配送、签收、清款、取款等一连串的数据处理，这些活动都需要用户配合。因此配送中心订单处理系统的作业并不是配送中心单方面的内部系统作业，也不是配送中心单独的内部作业即可完成，而是配送中心与用户双方之间相关系统的一体化活动。这也意味着要提高配送中心订单处理系统的效率和客户服务水平，必须重视与客户的沟通。

☞ **知识窗3：配送中心订单处理系统的作业活动伴随整个配送活动的全过程**

虽然一般认为配送中心订单处理的作业流程始于接单，经由接单所取得的订货信息，经过处理和输出，终止于配送中心出货物流活动，但在这一连串的物流作业里，订单是否有异常变动、订单进度是否如期进行也包括在订单处理范围内。即使配送出货，订单处理也并未结束，在配送时还可能出现一些订单异常变动，如客户拒收、配送错误等，直到将这些异常变动状况处理完毕，确定了实际的配送内容，整个订单处理才算结束。

因此配送中心订单处理系统的订单处理，需要对整个配送活动进行全程跟踪、调整，其处理过程将伴随整个配送活动的全过程。

☞ **知识窗4：配送中心订单处理系统的电子化要求高**

由于配送中心订单处理系统每天要面对大量的用户订单，为了提高订单处理的效率，减少差错，需要提升配送中心订单处理系统的电子化水平。实际上，大多数配送中心订单处理系统都是配送中心电子化程度最高的部分，它们通过采用大量的电子化技术，如电子订货系统、联机输入、计算机自动生成存货分配、订单处理输出数据等，大幅提高了订单处理系统的效率，手工技术在这一领域正逐渐被淘汰。

工作任务2：了解订单处理的合理化带来的益处。

☞ **知识窗：**

配送中心订单处理周期效率的高低，对于配送企业的竞争力和利润有着重要的影响。一个高效的订单处理系统能够给配送中心带来以下益处：

1. 持续降低平均订单周期前置时间

前置时间是指从订单发出到物品到达客户这一段时间。

2. 改善客户关系

有效的订单处理系统可以尽可能迅速地提供必需的客户服务。

3. 降低运作成本

高效的订单处理系统具备快速准确处理数据的能力，因此不仅可以减少订单检查相关成本，而且能够通过和整个配送渠道的联系，有效地降低富余的存货以及运输相关成本。

4. 及时输出发货单和会计账目

有效的订单处理系统能够加快由订单出货形成的应收账目数据的转账，提高企业资金利用率。另外，有效的订单处理系统还可以通过订单出货的改善，降低发货不准确情况的发生。

实训场景 5
拣货作业

学习情境 1　拣货作业的一般流程

知识点：拣货作业流程中的工作环节。
关键技能点：熟悉拣货作业流程中的工作环节和要求。

工作任务：熟悉拣货作业的一般流程。

☞ *知识窗* 1：
拣货作业是配送作业的中心环节。拣货是依据客户的订货要求或配送中心的作业计划，尽可能迅速、准确地将商品从其储位或其他区域拣取出来的作业过程。拣货作业在配送作业环节中不仅工作量大，工艺复杂，而且要求作业时间短，准确度高，服务质量好。

☞ *知识窗* 2：
在拣货作业中，根据配送的业务范围和服务特点，即根据客户订单所反映的商品特性、数量、服务要求、送货区域等信息，采取科学的拣货方式，进行高效的拣货作业，这是配送作业中关键的一环，其流程如图 1-19 所示。

图 1-19　拣货作业流程

学习情境 2　拣货作业的组织方法

知识点：拣货作业的五大类组织方法。
关键技能点：熟悉拣货作业的五大类组织方法的特点。

工作任务：了解拣货作业的组织方法分类。

☞ **知识窗：拣货作业的五大类组织方法**（见表1-23、图1-20和图1-21）

表1-23 拣货作业的组织方法分类

类型		说明
按订单分拣分类（见图1-20）	单一分拣法	按客户每张订单进行分拣，再将订单汇总
	批量分拣法	汇总客户的订货进行分拣，之后按不同的客户进行分货，再记录订单（见图1-21）
	单一分拣法与批量分拣法的组合	按具体的订单进行分拣作业，即一方面是作业人员到货架去取物品的分拣，另一方面是利用旋转货架将物品自动地旋转到作业人员所在处，取出物品的分拣
按作业程序分类	一人分拣法（单一分拣法）	一个人配货，按照一张订单要求的物品进行分拣
	分程传递法	数人分拣，首先决定各人所分担物品种类和货架的范围，分拣货单中仅由自己所承担的物品品种，再分程传递或转交下一个分拣人员
	区间分拣法	和分程传递法相同，一个人或数人分拣，首先决定各人所分担的物品种类和货架范围，从分拣货单中分拣自己所承担的物品品种，再将各区间分拣的物品汇总起来
	分类分拣法	将形状、外形尺寸、重量等不同的物品进行分类，在配送中心内进行保管，按每一个产品类进行分拣
按作业方法分类	播种式分拣法	每张订单准备一个分拣箱置于分货场，然后作业人员取来物品，按每个订单所需数量投入分拣箱，同种物品数量多的订单分拣效率高
	摘果式分拣法	像从树上摘取水果那样，作业人员将每张订单的物品从货架上取走，同单一分拣的方法大致相同
	总量分拣法	将一天（或半天）的复数订单物品由作业人员汇总起来进行分拣，然后将不同订单的物品分开作业。品种数量多，分拣时由复数作业人员进行
	配合分拣法（批量分拣法）	将批量分拣的物品分给各客户称为配合分拣法。批量分拣的物品用高速自动分类运输机分给各个客户时，也可以使用播种式分拣法
按出库类型分类		以托盘为单位
		以货箱为单位
		以托盘、货箱的组合为单位

续表

类型		说明
按技术含量分类	人工法	
	自动式分拣	配送中心接到客户的订单后,随即发出配货、发送的指示,自动分拣系统在最短的时间内从庞大的货架储存系统中准确找到要出库物品的储位,按照订单上的需求,从不同的储位取出不同数量的物品,搬运到理货区或发货区进行配货并准备装车送达

图 1-20 按订单分拣的作业流程

图 1-21 批量分拣的作业流程

学习情境 3　拣货作业的工艺流程

知识点：拣货作业的工艺流程。

关键技能点：熟悉拣货作业工艺流程不同的特点。

工作任务 1：了解如何利用 EOS、POT 形成拣货资料。

☞ 知识窗：

拣货作业开始前，指示拣货作业的单据或信息必须先行处理完成。虽然一些配送中心直接利用客户订单或公司交货单作为拣货指示，但因此类传票容易在拣货过程中受到污损而产生错误，无法正常指示产品储位，所以大多数拣货方式仍需将原始传票转换成拣货单或电子信号，使拣货人员或自动拣取设备进行更有效的拣货作业。但这种转换仍是拣货作业中的一大瓶颈。因此，如何利用电子自动订货系统、便携式订购终端（Portable Ordering Terminal，POT）直接将订货信息通过计算机快速及时地转换成拣货单或电子信号，是配送中心未来发展的重要研究课题。

工作任务2：熟悉行走或搬运流程。

☞ *知识窗1：*

拣货时，拣货人员或机器必须直接接触并拿取物品，这样就形成了拣货过程中的行走与物品的搬运。这一过程有两种完成方式：

1. "人—物"方式

这种方式即拣货人员以步行或搭乘拣货车辆的方式到达物品储存位置。这一方式的特点是物品处于静态储存方式，主要移动方为拣货人员（拣取机器人也属于拣货人员）。

2. "物—人"方式

和第一种方式相反，"物—人"方式中，主要移动方是物品，拣货人员在固定位置作业，不必去寻找物品的储存位置。这种方式的特点是物品保持动态的储存方式，如轻负载自动仓储、旋转自动仓储等。

工作任务3：熟悉拣货流程。

☞ *知识窗：*

当物品出现在拣货人员面前时，一般采取的两个动作为拣取与确认。拣取是抓取物品的动作，确认则是确定所拣取的物品、数量是否与指示拣货的信息相同。在实际的作业中多采用读取品名与拣货单据作对比的确认方式，较先进的做法是利用无线传输终端机读取条码后，再由计算机进行确认。通常对小体积、小批量、搬运重量在人力范围内且出货频率不是特别高的物品，采取手工方式拣取；对体积大、重量大的物品，利用升降叉车等搬运机械辅助作业；对于出货频率很高的物品则采用自动分拣系统进行拣货。

工作任务4：熟悉分类与集中流程。

☞ *知识窗：*

配送中心收到多个客户的订单后，可以批量拣取。拣取完毕后再根据不同的客户或送货路线分类集中，有些需要进行流通加工的商品还需根据加工方法进行分类，加工完后再按一定方式分类出货。分货过程中多品种分货的工艺过程较复杂，难度也大，容易发生错误，它必须在统筹安排、形成规模效应的基础上，提高作业的精确性。在物品体积小、重量轻的情况下，可以采取人力分货或机械辅助作业的方式，还可利用自动分货机将拣取出来的物品进行分类与集中。分类完成后，物品经过查对、包装便可以出货、装运、送货了。分货过程如图1-22所示。

图 1-22 分货过程

工作任务 5：熟悉分拣作业的时间分布。

☞ 知识窗：

我们从分拣作业的四个基本过程可以看出，整个拣货作业所消耗的时间主要包括以下四个部分：①订单或进货单经过信息处理，形成拣货指示的时间；②行走或搬运物品的时间；③准确找到物品的储位并确认所拣物品及其数量的时间；④拣取完毕，将物品分类集中的时间。

因此，提高拣货作业效率，主要就在于缩短以上四个作业时间，提高作业速度与作业能力。

学习情境 4　拣货作业的信息传递方式

知识点：拣货作业中的各种拣货信息。
关键技能点：熟悉拣货作业中的无纸化系统传递方式。

工作任务 1：认知拣货信息的目的。

☞ 知识窗：

拣货信息是拣货作业的原动力，主要目的在于指示如何拣货，其资料产生于客户的订单。为了使拣货人员在既定的拣货方式下正确而迅速地完成拣货，拣货信息成为拣货作业规划设计中重要的一环。目前主要使用单据、电脑、条码及一些自动传输的无纸化系统等传递方式来支援拣货系统。

工作任务 2：了解拣货信息中的传票。

☞ 知识窗 1：传票的含义

传票即直接利用客户的订单（分页、复印或影印本）或以公司的交货单来作为拣货指示凭据。

☞ 知识窗 2：传票的优点

传票的优点是不需要利用电脑设备处理拣货信息。它适用于订购品项数较少或小量订单的情况。

☞ 知识窗 3：传票的缺点

(1) 此类传票容易在拣货过程中受污损，或因存货不足、缺货等注记直接写在传票上，导致作业过程发生错误，甚或无法判别确认。

（2）未标示储位的物品，必须靠拣货人员的记忆在储区中寻找存货位置，造成许多无谓的搜寻时间及行走距离。

工作任务3：熟悉拣货信息中的拣货单。

☞ *知识窗1：拣货单的含义*

将原始的客户订单输入电脑后进行拣货信息处理再打印出来，就得到拣货单。

☞ *知识窗2：拣货单的优点*

（1）避免传票在拣取过程中受污损。此外，在拣取后的检品过程中再使用原始传票查对时，可修正拣货过程或拣货单打印发生的错误。

（2）产品的储位编号显示在拣货单上，同时可按路径先后次序排列储位编号，引导拣货人员按最短路径拣货。

（3）可充分配合分批、分区、订单分割等拣货策略，提高拣货效率。

☞ *知识窗3：拣货单的缺点*

（1）拣货单处理打印工作耗费人力、时间。

（2）拣货完成后仍要经过检品过程，以确保其正确无误。

工作任务4：熟悉拣货信息中的贴标签。

☞ *知识窗1：贴标签的含义*

贴标签方式取代了拣货单，由印表机打印出所需拣取物品的名称、位置、价格等信息的标签，数量等于拣取量，在拣取的同时贴标签于物品上，以作为确认数量的方式。在标签贴于物品的同时，物品与信息立即同步一致，所以拣货的数量不会产生错误。在标签上，不仅打印出物品名称及料架位置，而且连条码也一起打印出，利用扫描器来读取物品上的条码，即使同一产品而交货供应商不同时也能有所区分，且该物品的追踪调查也能进行。

☞ *知识窗2：贴标签的优点*

（1）结合拣取与贴标签的动作，缩短整体作业时间。

（2）可落实拣取时即清点即拣取的步骤（如果拣取未完成标签即贴完，或拣取完成但标签却仍有剩，则表示拣取过程可能有错误发生），提高了拣货的正确性。

☞ *知识窗3：贴标签的缺点*

（1）若要同时打印出价格标签，必须统一下游售卖点的商品价格及标签形式。

（2）价格标签必须贴在单品上，至于单品以上的包装作业则较困难。

工作任务5：认知拣货信息中的显示方式。

☞ *知识窗：*

显示方式最初用在物品料架上安装灯号来显示出拣货位置，而后发展成在料架上装设液晶显示器，可同时显示出应拣取多少数量的方式，即数位拣取系统。这种方式用在以人手来拣货的场合时，是一种可防止拣货错误，使人员直接反应动作，提高效率的有效方式，不仅在流动棚架可行，在栈板料架及一般物品棚架上也可被使用。在这种方式中，即使在料架上并无显示出拣取数量，而仅用灯号显示拣取位置，也是不错的显示方式。

工作任务6：认知拣货信息中的条码。

☞ *知识窗：*

现在很多商品都加贴了条码，条码是利用黑白两色条纹的粗细而构成不同的平行线条符号，代替商品货箱的号码数字，贴在商品或货箱的表面，以便让扫描器来阅读，经过电脑解码，将线条符号转成数字号码而由电脑运算。条码主要是作为商品从制造、批发到销售作业过程中自动化管理的符号，能正确、快速掌握商品情报，能提升库存管理精度，削减剩余库存，是一种实现商品管理效率化的有效方法。例如，利用扫描器来读取表示料架位置号码的条码后，什么物品放在何处保管的信息立即能轻易取得，对降低寻找物品时间有很大的帮助。

工作任务7：认知拣货信息中的资料传递器。

☞ *知识窗：*

资料传递器又称为资料携带器、无线电辨识器，其运作方式为：将资料传递器安装在移动设备上，将能接收并发射电波的ID卡或标签等信息反应器安装在物品或储位上，当移动设备接近传递器时，传递器立即读取反应器上的信息，通过天线由控制器辨别识读输出，再传至电脑进行控制管理。必要时也可利用此方法将反应器上的信息给予改写。例如把ID卡安装在栈板上，而把资料传递器安装在堆高机上，若堆高机一接近该栈板，栈板上的信息即能被堆高机上的传递器迅速读取并传达至电脑。

工作任务8：认知拣货信息中的无线通信。

☞ *知识窗：*

堆高机上承载着无线通信设备，通过该套无线通信设备，把应从哪个料架位置的哪个栈板拣货的信息指示给堆高机上的司机进行了解。另外，也有一种能够答复从堆高机上传来的询问的装置。

工作任务9：认知拣货信息中的电脑随行指示。

☞ *知识窗：*

在堆高机或台车上设置辅助拣货的电脑终端机，拣取前先将拣货资料输入此电脑，拣货人员即可依靠电脑屏幕的指示至正确位置拣取正确物品。

工作任务10：认知拣货信息中的自动拣货系统。

☞ *知识窗：*

拣取的动作由自动机械负责，电子信息输入后自动完成拣货作业，无须人手介入，这是目前拣货设备研究发展的方向。

学习情境 5　拣货作业合理化

知识点：拣货作业的分拣优化、设备规划和区域规划。

关键技能点：掌握分拣优化、设备规划和区域规划方案，使拣货作业合理化。

工作任务 1：熟悉拣货作业规划。

☞ *知识窗 1：分拣优化的概念*

分拣配货作业的优化，即实现分拣高效率，就必须采用先进的分拣作业方法和分拣作业的机械化、现代化。如果人工分拣和自动分拣能得到完美结合，实现高效率的分拣更有保证。分拣效率的高低，由处理的订单件数和处理物品品种数、每天的发货品种数、每一个订单的品种数、每一个订单的作业量等来进行判断。除此之外，还与投入作业人员数和中心内的作业场地宽度、允许作业时间等有关，所以应综合评价分析。

☞ *知识窗 2：分拣优化的基本思路*

按订单分拣需要的时间，分拣的物品从某一货架上取下分拣有下面四种情况：将分拣的物品搬运到配货区放置在某场所的时间、寻找物品的时间、将物品取出来的时间、将多余物品带回去的时间。因此提高分拣效率的基本思路应是尽可能缩短以下三个时间：行走时间、寻找时间、取出物品的时间。取货时间相对于行走时间和寻找时间较长，所以缩短这个时间是重点，分拣也相应更有效率。

自动化立体仓库和旋转货架等物品自动搬运到配货场的时间和上述行走时间相同，这个时间比分拣时间一般都长。按订单分拣有两个关键：选用的机械设备是否适宜（物流设备的选定），使用方法是好还是坏（运用方法、使用方法）。如果能选用性能好的机械设备，工作效果也好；但是，如果设备不适应分拣特性，效益差，就不能使用。

☞ *知识窗 3：分拣优化的衡量指标*

分拣优化的衡量指标是分拣配货率，即从库存的物品种类中分拣出的种类占库存种类数的百分比，分拣配货率越高，分拣配货效率越好。在机械设备选定时有分拣配货率高的机械设备，也有分拣配货率低的机械设备，例如流动货架与一般货架相比，在分拣配货率较高时选用流动货架。

☞ *知识窗 4：分拣优化的做法*

知识窗 4-1：分拣配货单上输入货架编号

为了高效率地按订单进行分拣，物品在哪里、是什么物品，必须是任何一位分拣作业人员都能熟知的，最好是将商品保管进行"四号定位"，按货位编号进行分拣。其编号如下：每一个货位的编号按"物品区域—货架列数—货架层数—货架分段"的"四位编码"顺序来编排。这是为了每一个区域的分拣作业人员提高分拣的熟练程度和精确度，这种分拣法称为区域分拣。

知识窗 4-2：在台架上保管的商品应采用单一分拣

某些物品，特别是一些单品物品，不是存放在货架上，而是平放在台架上保管，这种情况，采用单一分拣效率较高。

知识窗4-3：利用重力式货架提高分拣效率

利用重力式的货架区域分拣，可以使商品补充从早晨到傍晚一直进行。分段分拣时由于利用重力式货架提高了分拣和商品补充的效率。

知识窗4-4：采用数字化分拣

如果采用数字化分拣，除货架编号等出现错误能够防止大幅损失外，还能进一步提高分拣效率。数字化分拣的优点如下：

（1）分段分拣时，利用分拣配货单分拣比一般分拣提高4倍以上的速度。

（2）因为减少商品编号的确认和配货单的错误，所以也减少分拣损失。

（3）对于较大区域内的配送和超市供货的配送中心是普及数字化分拣的中心，采用数字化分拣，成本下降，库内作业机械化的水平提高。

（4）利用旋转式货架分拣，特别是小型商品利用多段式旋转货架分拣商品，不间断地搬运到配货场前，不需走路就能完成分拣，进一步提高了分拣效率。

（5）可将分拣的商品利用运输机送到下一道工序。

（6）可将分拣频率高的商品，放在货架的"黄金"区和段。

（7）可将空货箱利用运输机收集起来再次利用。

（8）分拣中遇到缺货，立即用电话等能够即时联系。

（9）可按一般超市、大型超市等不同的业态，或接收订货批量大的连锁经营等不同的客户，分别设立分拣系统。

知识窗4-5：重视分拣信息的利用

利用信息设备作为分拣的支援系统，不仅仅是计算机，还有各种各样的信息设备和方法都可以利用。信息设备在支援分拣的同时，"这些信息"也很容易地被利用到提高分拣效率上，并进行再处理。分拣同接收订货量的作业效率不同。处理信息使其提高有效性，必须关注信息的变化和整理工作。

工作任务2：熟悉拣货设备（储存设备、搬运设备、分类设备、资讯设备等）的规划。

☞ *知识窗1：人至物的拣货设备*

人至物的拣货方式是指物品位置固定，拣货人员至物品位置处将物品拣出的作业方式，与其相配合的拣货设备可包含以下几种储存设备和搬运设备：

（1）储存设备：栈板储架、轻型储架、橱柜、流动储架、高层储架、数位显示储架。

（2）搬运设备：无动力台车、动力台车、动力牵引车、堆高机、拣货堆高机、搭乘式存取机、无动力输送带、动力输送带、电脑辅助拣货台车。

☞ *知识窗2：物至人的拣货设备*

物至人的拣货方式与人至物相反，拣货人员只需要停在固定位置，等待设备将欲取出物品运至面前。因而物至人的拣货设备自动化水准比较高，其储存设备本身便需要具备动力，才能移动物品储存位置或将物品取出。具有物至人特性的拣货设备可包含以下的储存设备和搬运设备：

（1）储存设备：单元负载自动仓储、轻负载自动仓储、水平旋转自动仓储、垂直旋转自动仓储、梭车式自动仓储。

(2) 搬运设备：堆高机、动力输送带、无人搬运车。

☞ **知识窗3：自动拣货系统**

除以上人至物、物至人两种方式外，还有一类就是自动拣货系统，其拣取的动作完全由自动机械负责，无须人力介入。如今已有一些完全自动拣货设备发展成功：

(1) 箱装自动拣货系统：IHI 所研发的 Ordematic 设备和 Pickruner 设备等。

(2) 单品自动拣货系统：IHI 所研发的适合药品、化妆品的 Itematic 设备和适合小物使用的 S 型拣货装置等。

工作任务3：了解拣货作业区域规划。

☞ **知识窗1：提高储存效率，充分利用储存空间**

在现实中储存空间不能充分利用的情况是常见的，除提倡立体化储存之外，可以通过减少通道所占用的空间来提高储存效率，还可以采用一些有特色的储存和搬运设备。

☞ **知识窗2：储存时应考虑易于出库和拣选**

要了解和记忆各种物品的储存位置，对出入库频繁的物品应放在距离出入口较近的地方，这样可以缩短取货时间。

☞ **知识窗3：减少拣选错误**

拣选作业中，误发货往往是不可避免的，这是最大的浪费。为解决这一问题，除实现机械化和自动化之外，还要求作业人员尽可能减少目视及取物操作上的错误。

☞ **知识窗4：作业应力求平衡，避免忙闲不均的现象**

必须重视收货入库、接收订单后出库等作业和进、出车辆的装卸作业的时间表的调整。通常车辆卸货到入库前的暂存，以及出库和车辆装载之时的理货作业，是作业不能均衡调节的重要因素，其他作业也应周到考虑、合理安排。这样做可以减少忙乱，节约人力。

☞ **知识窗5：事务处理和作业环节要协调配合**

要调整物流和信息流，使两方面的作业都没有等待时间。通常在物流作业之前要进行信息处理，例如在发货时先要根据发货通知将物品取出，在出库区进行理货作业，再填写出库单，这些事务完成后，配送车辆的司机再拿着出库单来提货。

☞ **知识窗6：分拣作业的安排要和配送路线的顺序一致**

向配送车辆装货时必须考虑配送路线顺序，而在出库区理货时又要考虑装载方便。在分拣选货时也要依据这个原则，即分拣作业的安排要和配送路线的顺序一致。

☞ **知识窗7：缩短配送车辆如卡车等运输设备的滞留时间**

缩短滞留时间是减少运输成本的重要因素。首先，如前所述，作业均衡化、事务处理和作业环节协调配合对缩减车辆等待时间是必要的；其次，减少车辆的装卸时间也是很重要的，为了减少装卸时间应尽可能采用单元化集装系统，有效地应用各种托盘进行装卸作业；最后，还应在理货时考虑配送路线顺序，便于车辆在短时间内完成装卸作业。如果想进一步提高效率还可以采用大型集装箱或拖车，使车辆的等待时间减少到最低限度。

实训场景 6
补货作业

学习情境 1　补货作业流程

知识点：补货系统的定义、基本功能及一般补货作业流程。
关键技能点：熟悉补货系统的功能及一般补货作业流程。

工作任务 1：认知补货系统。

☞ 知识窗：

配送中心补货系统，就是配送中心完成存货补充和订货决策以及具体补货作业的功能子系统。当客户需求开始消耗现有存货时，补货系统需要根据以往的经验，或者相关的统计技术方法，或者计算机系统的帮助，确定最优库存水平和最优订购量，并根据所确定的最优库存水平和最优订购量，在库存低于最优库存水平时发出存货再订购指令。配送中心补货系统的目标就是保持库存中的每一种物品都在目标服务水平下达到最优库存水平。

工作任务 2：了解配送中心补货系统的基本功能。

☞ 知识窗 1：*当库存量降低到警戒线时，系统能发出补货信号*

配进中心补货系统首先要能够及时发现需要补充订货的存货种类。警戒线存货是指补货系统预先设置的一个库存水平，当存货降至该库存水平时，配送中心就需要进行再订货了。配送中心可以通过人工巡视发现需要再订货的存货种类，也可以通过计算机统计以及一些信息收集工具提示哪些存货应该进行再订货。

☞ 知识窗 2：*系统能提供订货数量的建议值*

这是配送中心补货系统所具有的存货管理决策职能，也是补货系统的核心职能。为了能够提供订货数量的建议值，补货系统需要考察存货的耗用规律，预测未来存货的需求，并结合存货成本进行综合分析。通常配送中心会应用比较复杂的预测模型以及通过计算机模块的帮助来发现订货数量的建议值，但对于一些需求规律变化不大的存货种类，配送中心也可以采取一些简化的经验方法来确定这个值。

☞ 知识窗 3：*能按照要求完成订购和补货作业，使库存保持最优水平*

配送中心确定了需要补充库存的物品种类、订购数量后，还要根据该物品的耗用规律，确定具体订购的时间，发出采购订单，保证物品及时入库，以确保供应。另外，由于一些物品不断发出，存在拣货区的存货将不断减少，这时配送中心还需要将物品不断由储存区移到拣货区，以保证拣货区的供应和配货工作的顺利进行。这就是配送中心补货系统的最后一项功能——补货作业。

工作任务3：熟悉一般补货作业流程。

☞ 知识窗：

补货作业是将物品从仓库储存区搬运到拣货区的工作。以托盘为例，一般补货作业流程如图1-23所示。

图1-23　一般补货作业流程

学习情境2　补货方式和补货时机

知识点：不同类型的补货方式特点和补货时机。

关键技能点：熟悉不同类型的补货方式，掌握不同的补货时机/程序。

工作任务1：熟悉不同类型的补货方式。

☞ 知识窗：补货方式（见表1-24）

表1-24　补货方式

分类标准	类别	说明
按每次补货量区分	整箱补货	由补货人员应用取货箱到货架储存区取货，将取货箱装满后，用手推车运到拣货区。这种补货方式比较适合体积小、量少但品种多的物品
	托盘补货	以托盘为单位进行补货。补货人员先用叉车等将托盘由储存区运到拣货区，然后拣货人员在拣货区将托盘上的物品搬运至输送机上。这种补货方式适合体积大或出货量大的物品
	货架补货	这种补货方式用于储存区与拣货区处于同一货架的情况。配送中心通常把一些体积小、流动性不大的物品存放在同一个货架的上下两层，下层作为拣货区，上层作为保管区。货架补货就是当下层货架上的存货低于设定标准时，将上层物品移出一部分补充到下层，使其达到设定标准

续表

分类标准	类别	说明
按照补货周期分	批组补货	通过计算机查询每天需要的总补货量以及存货区存货量的情况，将补货量一次性补足。这种补货方式比较适合一天内作业量变化不大、紧急插单少或每批次拣货量大的情况
	定时补货	每天规定几个时段，补货人员在这几个时段内检查拣货区的存货情况，若货架上的存货已经降到设定标准以下，则立即进行补货。这种补货方式适合于拣货时间固定且紧急情况较多的配送中心
	随机补货	配送中心设定专门的补货人员，随时检查拣货区存货状况，发现不足则立即补货。这种补货方式适合每批次补货量不大但紧急插单多、不确定性大的情况
其他补货方式	直接补货	补货人员直接在进货时将物品运至拣货区，物品不再进入储存区。对于一些物品周转非常快的中转性配送中心，这是常用的补货方式
	复合式补货	拣货区的物品采取同类物品相邻放置的方式，而储存区采取两阶段的补货方式。第一储存区为高层货架；第二储存区位于拣货区旁，是一个临时储存区，补货时物品先从第一储存区移至第二储存区，等拣货区存货降到设定标准以下时，再将物品从第二储存区移到拣货区，由拣货人员在拣货区将物品拣走
	自动补货	在一些自动仓库中，通过电脑发出指令，物品被自动从储存区送出，经过扫描商品及容器条码后，将商品装入相应的容器，然后容器经输送机被运送到旋转货架处进行补货

工作任务2：掌握不同的补货时机/程序。

☞ 知识窗1：补货时机/程序（见图1-24）

图1-24 补货时机/程序

☞ 知识窗2：确定现有存货水平

知识窗2-1：确定现有存货水平的重要性

对现有存货水平的检测是配送中心补货作业的起点，因为只有准确地知道现有存货的水平，才能确定需要补充多少存货。

知识窗 2 - 1：现有存货的检测方法

具体来讲，对现有存货的检测主要有两种方法：定期检测和连续检测。定期检测是按照一定的周期对存货进行检查的方法，周期的具体确定可以依据实际情况，可以是几天、一周或一个月检测一次。连续检测要求存货管理者要连续记录存货的进出，每次存货处理后都要检测各商品的数量。

知识窗 2 - 3：确定现有存货水平时应注意的问题

（1）在计算现有存货水平时，要确定现货库存的数量。现货库存是指检测时点存货系统中的实际实物库存，现货库存是补货计算的起点。

（2）计算可得存货量。可得存货的计算是在现货库存中减去销售订单已经得到确认但尚未发出的保留存货量，剩余的才是可得存货量，能够用来满足新的客户需求。

（3）考虑在途订货的问题。在途订货是已经订购但还没有接收到的补充库存。由于在途订货的所有权已经转归配送中心所有，所以在计算现有存货水平时在途订货应被视为现有存货加进来，但要注意在前置期，在途订货不能马上分配给急用或已经被延迟的客户订单。

明确以上几点后，就可以准确计算现有存货水平了。现有存货水平是从某种商品的现货库存总数与在途订货量的和中减去为客户保留的存货以及内部分支机构的转移订购量，这个值的确定是存货补充计算的基本元素之一。

☞ *知识窗 3：确定订购点*

（1）订购点是补货系统的启动机制。在订购点补货系统中，只要现有库存水平低于指定的订购点，系统就立即发出补货指令。在定期检测补货系统中，则根据事先制定的目标存货水平，在固定的检测时点将现有存货水平与目标存货水平进行比较，如果现有存货水平低于目标存货水平，则需要进行补货。订购点的确定要考虑前置期库存需求以及安全库存的需要。订购点存货水平 OP 一般用下面公式确定：

$$OP = 前置期内预计需求 + 安全库存$$

例如，如果某种商品的平均历史耗用（销售）是每星期 100 单位，补货的前置期是 2 周，安全存货是 50 单位，那么：

$$OP = 100（耗用）\times 2（周）+ 50（安全库存）= 250（单位）$$

（2）订购点存货水平 OP 由两部分相加组成：一是在等待存货补充订购到达期间（前置期）满足预计客户需求（耗用量）的足够存货，二是应对供需变化的保守存货（安全库存）数量。一般来讲，前置期内的预计需求可以通过对以往的需求数据进行简单平均来估计，这也是配送中心最常用的预测方法。但应该注意的是，现实生活中需求往往具有很大的不确定性，历史数据往往只能反映现在的部分需求规律，要得出目前更为准确的需求估计值，需要采用一些专门预测技术对历史数据进行处理。

（3）安全库存主要是为了应对前置期内需求的不确定性而设置的。由于客户需求往往具有很大的不确定性，如果预测时估计不足，很可能会造成缺货。在这样的背景下，通过建立适当的安全库存，可以减小缺货的可能性，从而在一定程度上降低库存短缺成本。但安全库存的加大会使库存持有成本增加，因而，必须在缺货成本和库存成本两者间进行权衡。安全库存量的大小与客户服务水平（或订货满足率）存在很大关系。所谓客户服务水平，就是指对客户需求情况的满足程度，用公式表示如下：

客户服务水平 ＝年缺货次数/年订货次数×100%

客户服务水平越高，说明缺货发生的情况越少，从而缺货成本就较小，但因增加了安全库存量，导致库存的持有成本上升。客户服务水平较低，说明缺货发生的情况较多，缺货成本较高，而安全库存量水平较低，库存持有成本较小。因而我们必须综合考虑客户服务水平、缺货成本和库存持有成本三者的关系，最后确定一个合理的安全库存量。需要注意的是，合理的安全库存量并不能保证完全不缺货。

☞ 知识窗4：确定订货数量

（1）订购点确定下来以后，补货系统还要决定订货数量。订货数量的确定有多种方法，可以根据以往经验确定或按经济订货批量模型（EOQ）得出。经济订货批量模型的原理是通过数学方法，对各种存货成本进行全面均衡，得出存货总成本最小时的订货批量，并将这个数量作为补货数量。

（2）在不同的补货系统中，订货数量可以是固定的，也可以是变动的。一般来讲，在固定周期订货条件下，订货周期是不变的，但订购点的现有存货水平可能是变动的，每次的订货数量也可能是变化的。固定批量订货则正好相反，订购点的现有存货水平是固定的，即都处于订购点存货水平，每次订货数量是固定的，订货周期却是变化的。

（3）固定订货周期法由于按期订货，所以在订货间隔期和前置期内可能发生缺货现象；固定批量订货由于随时监控库存水平，库存水平一旦达到订购点即发出订单，所以一般不会缺货。

☞ 知识窗5：发出采购订单和进行补货作业

订购点和订货数量确定下来以后，补货系统的最后一个程序就是对需要补充库存的存货种类发出采购订单，进行补充库存的订购。另外，还要根据拣货作业的要求，对于拣货区需要补充的存货进行补充，也就是将存放在储存区的存货转移到拣货区。

工作任务3：熟悉配送中心常用的补货方法。

☞ 知识窗1：人工视觉检测补货。

人工视觉检测补货相对简单，它通过直接检查现有存货的数量来决定是否补货。使用这种方法，只要对存货进行定期的视觉检查，并事先确定补货的规则，就可以进行补货了。如补货规则规定存货箱半空或只有两盘存货时就应补货，那么巡视人员在定期检查中首先将符合补货规则的存货种类挑出来，然后填制补充订货购置单，交给采购部门审核采购就可以了。一般来讲，对数量小、价格低、前置期短的产品，使用人工视觉检测补货技术非常有效。这种技术的基本优势是存货记录和雇员培训的成本最小，其劣势在于没有办法确保产品得到适当的定期检测，不能及时反映由当前供给、需求和前置期的变化造成的过度库存或缺货，随机反应比较迟钝。

☞ 知识窗2：双箱补货

双箱补货是一种固定数量的补货方法。存货放到两个储柜（或其他形式的容器）里，其中一个放在分拣区，另一个放到库房储存区保存起来。当分拣区的储柜空了，库存区的储柜就被提到前面来满足客户需求。空箱子起到了补货驱动器的作用。每个储柜所要求的数量是在等待补货到达期间服务于需求所必需的最小库存。当新的采购量到达后,先放进储柜存到储存区,等到分拣区的储柜空了,再将其移到分拣区,这样循环往复。双箱补货原来是为控制流转速度快的低值商品(如螺丝)而设计的订货和补货方法,其优势是处理简便,其劣势在于不能及时对市场的变化做出适当的反应。

人工视觉检测补货和双箱补货易于理解和应用,并且操作成本很低,在配送商的存货控制中得到了广泛的应用,但在使用中必须注意以下几方面的问题:

(1)两种方法最好应用于成本低、数量大或体积小、补货的前置期短的产品,如ABC库存分类中的C类产品。

(2)由于这两种方法要求存货的价值较低,存货数量相对较大,存货水平不直接与客户需求相联系,所以采用这两种方法管理的各类存货容易形成不必要的高库存水平。

(3)这两种方法对需求模式不敏感。两种方法都确定了具体的订货数量,并且对这些数量几乎不进行调整,随着时间的推移,订货数量就不再反映真实的需求了。

(4)在人工视觉控制中,由于不需要连续地记录存货变化,所以存货管理人员常常会松懈,从而使存货控制水平降低。

☞ *知识窗3:定期检测补货*

定期检测补货指每一种商品都确定一个固定的检测周期,检测结束时做出下一步的商品补货订购决策,只要能够满足商品需求,检测周期可以按天、周、月或季度来确定,这种方法也叫作固定周期/可变订购量方法。使用这种方法有许多优势,它不需要连续做存货记录,成本也不高。另外,这种方法还可保持人工操作,不必使用计算机。定期检测补货适用于一些总数巨大、种类繁多的存货,如一些零配件配送中心。

☞ *知识窗4:订购点补货*

(1)订购点补货是系统事先为每一种存货确定一个固定的存货水平,这个固定的存货水平就是订购点存货水平,当商品的存货数量降至订购点存货水平时,由系统产生订货推荐值,使存货水平上升到订购点以上的补货方法。订货推荐值可以人工确定,也可以使用经济订购批量,但订货推荐值一般是固定不变的,订货间隔期可以变化,因此这种方法也被称为固定订购量/可变周期方法。

(2)与前面讲述的人工视觉检测补货、双箱补货和定期检测补货不同,订购点补货需要严格的、连续的库存交易控制。在对商品进行接收、调整、报废、装运、转移等操作时,为了向管理者提供当前的存货结余,企业的存货控制部门必须做详细的记录。

(3)另外值得指出的是,双箱补货实际上可被看为订购点补货的一种简化形式。因为双箱补货的基本思想是进货时把存货放于两个储柜中,有需要时先从第一个储柜中取货,当第一个储柜取空时,才能够取第二个储柜中的存货,并且同时下订单补货。双箱补货的关键问题是计算储柜的容量,储柜的容量显然应该与获得补货的前置期内的最大订货需求量相一致。

☞ *知识窗5:DRP系统*

虽然人工视觉检测补货、双箱补货、定期检测补货、订购点补货的补货检测与行为方法各不相同,但在概念上它们都是密切相关的。这几种方法都试图确定一个时点,在这一时点上需要进行补货订购,以防正常需求的缺货,然后确定一个经济的或目标的采购数量。与这些统计方法或经验方法不同，DRP（Distribution Requirements Planning）系统是计算机化的管理工具，它以优先序列、时间阶段的方法，通过接触客户并预测需求来对存货进行规划，这种技术也被称为时间阶段订购点法。DRP系统的最大优势在于能及时地将供给与预期需求相匹配，以此决定订购行为。当需求超过供给的时候，系统会提醒管理者根据预先确定的批量规模订购产品，并使得在预期发生缺货的时候能保证供应。此外，在DRP系统运行过程中，系统将不断重新调整供给与需求的关系，为订购者提出一套新的需求订购行为。

实训场景 7
出货作业

学习情境 1　出货作业流程和出货方式

知识点：出货作业基本流程中的工作环节和不同种类的出货方式。

关键技能点：熟悉出货作业各工作环节的基本流程和出货方式的选择。

工作任务 1：熟悉出货作业的一般流程。

☞ 知识窗：

出货作业是指把拣取分类完成的物品经过配货检查后，装入容器和做好标示，再运到配货准备区，待装车后发送。其基本流程如图 1-25 所示。

图 1-25　出货作业的基本流程

工作任务 2：熟悉出货方式的种类。

☞ *知识窗 1：人工目视处理*

这种方式全由人工依订单或传票判断来进行分货，也就是不借由任何电脑或自动化的辅助设备，拣取作业后依订单或传票信息将各客户的订购物品放入已贴好各客户标签的货篮中。

☞ *知识窗 2：自动分类机*

（1）为应对多品种少量订货的市场趋势，自动分类机兴起，且正被广泛运用。自动分类机是利用电脑及辨识系统来达成分类的目标，因而具有迅速、正确、不费力的效果，尤其当拣取数量或分类数量众多的物品时，更有效率。

（2）自动分类机的种类非常多，且各有其特色，但依其滑出方式大体可分为两种：将载物部分倾斜滑落的倾倒式和水平分出处理式。

（3）以易破损物品而言，采用倾倒式会有较大的损害概率，因而适合水平分出处理式。此外，当系统要求较大分类能力时，则需要采用较高速的自动分类机，并最好使用震荡较少的窄皮带传送方式，以免伤及物品。所以，在选择自动分类机时，最好从以下五个主要角度来衡量：物品数量、物品形状、重量分析、容器尺寸分析、易损坏品分析。

☞ *知识窗 3：旋转架分类*

为节省成本，也有取代自动分类机而使用旋转架的方式。将旋转架的每一格位当成客户的出货篮，分类时只要于电脑输入各客户的代号，旋转架即会自动将其货篮转至作业人员面前，让其将批量拣取的物品放入。同样地，即使没有动力的小型旋转架，为节省空间也可作为人工目视处理的货篮，只不过作业人员依照每格位上的客户标签自行旋转寻找，以便将物品放入正确储位中。

学习情境 2　出货检查

知识点：出货检查的意义、作业流程和方法。

关键技能点：熟悉出货检查的作业流程和出货检查方法。

工作任务 1：了解出货检查的意义和作业流程。

☞ *知识窗：*

出货检查作业包括把拣取物品依照客户、车次对象等做产品号码及数量的核对，以及实施产品状态和品质的检验，如图 1-26 所示。在拣货作业后的物品检查，既耗费时间及人力，又通常效率不高。出货检查属于确认拣货作业是否产生了错误的处理作业，所以如果能先找出让拣货作业不会发生错误的方法，就能免除事后检查的需要，或只对少数易出错物品做检查。

图1-26 出货检查作业

工作任务2：熟悉出货检查的不同方法。

☞ 知识窗：

出货检查最单纯的做法即以纯人工进行，也就是将物品一个一个点数并逐一核对出货单，进而查验出货的品质水准及状态情况。以状态及品质检验而言，纯人工方式逐项或抽样检查的确有其必要性；但对于物品号码及数量核对来说，以纯人工方式就可能较无效率也较难将问题找出，即使采取多次的检查作业，也可能只是耗费了许多时间，错误却依然存在。因此，以效率及效用来考虑，如今在数量及号码检查的方法上有许多突破，主要有以下几种方法：

（1）商品条码检查法。即要导入条码，让条码跟着物品跑。当进行出货检查时，只需将拣出物品的条码以扫描机读出，电脑则会自动将资料与出货单对比，来检查是否有数量或号码上的差异。

（2）声音输入检查法。这是一项较新的技术，是由作业人员发声读出物品的名称（或代号）及数量，之后电脑接收声音作自动判识，转成资料再与出货单进行比对。此方式的优点在于作业人员只需用嘴读取资料，手脚仍旧空着可做其他工作，自由度较高。但需注意的是，此法声音的发音要准，且每次发音字数有限，否则电脑辨识困难，可能产生错误。

（3）重量计算检查法。就是先利用自动加总算出出货单上的物品重量，而后将拣出物品用计重器称出总重量，再将两者互相对比的检查方法。如果能利用装有重量检核系统的拣货台车拣货，则在拣取过程中就能利用此法来做检查，拣货员每拣取一样物品，台车上的计重器则会自动显示其重量作查对，如此可完全省去事后的检查工作，在效率上及正确性上的效果将更好。

学习情境3 组织出货包装

知识点：出货包装的分类、功能和技术方法。
关键技能点：熟悉出货包装的功能和技术方法。

工作任务1：了解依照日本工业规格（JIS）划分的三种出货包装。

☞ *知识窗1：个装*

个装指物品的个别包装，这是出于提高物品的商品价值及为了美观或保护物品而使用适当的材料或容器对物品加以包装。个装又可称为"商业包装""销售包装"。

☞ *知识窗2：内装*

内装指物品包装的内层，即考虑水、湿气、光热、冲击等对物品的影响而使用适当的材料或容器对物品加以包装。

☞ *知识窗3：外装*

外装指物品包装的外层，即将物品装入箱、袋、木桶、罐等容器，或在无容器的状态下，将物品加以捆绑、施加记号及打包符号等。在此需要注意的是，外装容器的规格也是影响物流效率的重要因素，因其尺寸与栈板、搬运设备尺寸是否搭配直接关系到进出货作业的运行速率，且其荷重、耐冲、抗压能力也关系到物品损坏程度。

内装及外装又称为"运输包装""工业包装"，对于运输物品的包装，通常不求装潢美观，只求坚固耐用，以免物品经长距离辗转运输而遭受损失。

工作任务2：认知包装的功能。

☞ *知识窗1：提供物品保护作用*

包装的保护功能须针对两大要点：

（1）包装保护的时效应超过所预期的商品时效。

（2）保护商品特有的弱点，例如化学与物理性的危害及商品被窃的可能性。

☞ *知识窗2：便于搬运、储存及使用方便*

包装须能增进使用上的方便，如易开罐的开启法便是包装的一大革新。此外，便于搬运及储存也是包装设计的主要考虑因素。

☞ *知识窗3：刺激顾客的购买欲*

保护良好及使用方便的包装如果不能刺激顾客的购买欲，它还是毫无价值。所以包装不仅要能帮助厂商销售商品，最好能激起顾客重复购买的欲望。因而包装外观设计的重要性有下列几点：

（1）它可当作商品宣传的工具。

（2）它可表示商标或制造厂名称。

（3）它能说明商品的使用方法。

（4）刺激顾客购买，增加商品销售量。

☞ *知识窗4：易于辨认*

就商业包装而言，外观宜富有吸引力及容易辨认；就工业包装而言，容易辨认也是营运的主要条件。另外，产品易于辨认也可达到更高的搬运效率及作业正确性。

工作任务3：认知包装的社会性。

☞ *知识窗：*

包装与人类的日常生活有密切的关系，因而我们对包装产生的社会问题应加以重视，如表 1-25 所示。

表 1-25　包装所产生的社会问题及解决办法

问题	解决办法
包装过大及包装过剩	要求包装适当化
包装宣传的可靠性	确立包装的可靠性
包装废弃物的处理	提倡环保实践
包装资源	包装回收的再利用
包装安全性	提升客户服务品质

工作任务 4：熟悉产品包装作业时所采用的技术和方法。

☞ *知识窗 1：产品包装的一般技法*

（1）对内装物进行合理置放、固定和加固。
（2）对松泡产品进行压缩。
（3）合理选择外包装的形状尺寸。
（4）合理选择内包装（盒）的形状尺寸。
（5）包装外的捆扎。

☞ *知识窗 2：产品包装的特殊技法*

（1）缓冲包装技法（或称防震包装技法）是为了解决包装物品承受外界的冲击力、振动力等问题，进而防止损伤的包装技术和方法。
（2）防潮包装技法就是采用防潮材料对商品进行包装，以隔绝外部空气相对湿度变化对商品的影响，使得包装内的相对湿度符合商品的要求，从而保护商品质量的技术和方法。
（3）防锈包装技法是运输或储存金属制品与零部件时，为了防止其生锈而降低使用价值或性能所采用的包装技术和方法。
（4）防霉包装技法是为了防止因霉菌侵袭导致内装物长霉而影响商品质量所采取的一定防护措施的包装技术和方法。

☞ *知识窗 3：包装操作技术*

（1）充填技术是将商品装入包装容器的操作，分为装放、填充与灌装三种形式。
（2）封口和捆扎技术。
（3）裹包是用一层挠性材料包覆商品或包装件的操作。
（4）加标和检重。加标就是将标签粘贴或拴挂在商品或包装件上，标签是包装装潢和标志，因此加标也是很重要的工作；检重是检查包装内容物的重量，目前大多采用电子检重机进行检测。

学习情境4 出货状况调查

知识点：出货状况调查表所包含的信息。

关键技能点：通过调查表的记录有效掌握出货状况。

工作任务：了解出货状况调查表。

☞ *知识窗：*

有效掌握出货状况可以掌握公司营运的效益，对于作业管理及服务客户有很大的帮助。因此，通过表1-26中的信息，可以详细掌握物品及车辆的出货情形。

表1-26 出货状况调查表

时间：　年　月　日

项目		平均值	极限值
出货对象数量	一日内的出货厂数	平均：	最多：
	一日内的出货品项数	平均：	最多：
	配送车种	吨数：	最多：
	车辆台数/日	平均：	最多：
	每一车的装货（出货）时间	平均：	最多：
出货运送点数	每一方面的出货捆包数	平均：	最多：
	出货所需人员数	平均：	最多：
	一日出货的总重或总体积	总重：	总体积：
出货形式	出货距离	平均：	最远：
出货时间带：（每一时刻出货的车数调查）			

实训场景 8

搬运作业

学习情境 1　搬运作业概述

知识点：搬运作业的作用、特点及物品移动单位。

关键技能点：了解搬运作业的主要目的及特点，熟悉搬运作业中物品移动的三种基本单位。

工作任务 1：认知搬运作业的作用和目的。

☞ 知识窗 1：

物流系统各个环节的先后或同一环节的不同活动之间，都必须进行搬运作业，如运输、储存、包装等都要有装卸搬运作业配合才能进行。搬运是物料的不同运动（包括相对静止）阶段之间相互转换的桥梁，正是因为有了搬运作业才能把物料运动的各个阶段连接成连续的"流"，使物流的概念名实相符。

☞ 知识窗 2：

搬运是指在同一地域范围内进行的，以改变物料的存放（支承）状态和空间位置为主要目的的活动。一般来说，在强调物料存放状态的改变时，使用"装卸"一词；在强调物料空间位置的改变时，使用"搬运"一词。搬运与运输、储存不同，运输是解决物料空间距离的，储存是解决时间距离的，而搬运没有改变物料的时间或空间价值，因而，往往引不起人们的重视。可是一旦忽略了搬运，生产和流通领域轻则发生混乱，重则造成生产活动停顿。

☞ 知识窗 3：搬运作业的主要目的（见表 1-27）

表 1-27　搬运作业的主要目的

目的	内容
提高生产力	顺畅的搬运系统，能够消除瓶颈以维持及确保生产水准，使人力有效利用，设备减少闲置
降低搬运成本	减少每位作业人员及每单位物品的搬运成本，并减少延迟、损坏及浪费
提高库存周转率，以降低存货成本	有效率的搬运，可加速物品移动及缩减搬运距离，进而减少总作业时间，使得存货存置成本及其他相关成本皆得以降低

续表

目的	内容
改善工作环境，增加人员、物品搬运安全	良好的搬运系统，能使工作环境大为改善，不但能保证物品搬运的安全，减少保险费率，且能提高员工的工作情绪
提高产品品质	良好的搬运可以减少物品的毁损，使物品品质水准提升，减少客户抱怨
促进配销成效	良好的搬运，可增进系统作业效率，不但能缩短物品总配销时间，提高客户服务水准，亦能提高土地劳动生产力，对公司营运成效助益很大

工作任务2：了解搬运作业管理的特点。

☞ *知识窗1：在生产和流通领域中搬运的共性*

1. 具有伴生（伴随产生）和起讫性的特点

搬运的目的总是与物流的其他环节密不可分（在加工业中甚至被视为其他环节的组成部分），不是为了搬运而搬运，因此与其他环节相比，它具有伴生性的特点。运输、储存、包装等环节，一般都以搬运为起始点和终结点，因此它又有起讫性的特点。

2. 具有提供保障和服务的特点

搬运保障了生产中其他环节活动的顺利进行，具有保障性质；搬运过程不消耗原材料，不排放废弃物，不大量占用流动资金，不产生有形产品，因此具有提供服务的性质。

3. 具有"闸门"和"咽喉"的作用

搬运制约着生产与流通领域其他环节的业务活动，这个环节处理不好，整个物流系统将处于瘫痪状态。

☞ *知识窗2：在生产和流通领域中搬运的不同特性*

生产和流通两个领域的生产规律不同，这两个领域中的搬运也有不同的特性。

1. 均衡性与波动性

生产领域的搬运必须与生产活动的节拍一致，而均衡性是生产的基本原则，因此物料搬运作业基本上也是均衡的、平稳的、连续的；流通领域的搬运是随车船的到发和物品的出入库而进行的，作业的突击性、波动性和间歇性较多。对作业波动性的适应能力是搬运系统的特点之一。

2. 稳定性与多变性

生产领域搬运的作业对象是稳定的，或略有变化但有一定规律；而流通领域搬运的作业对象是随机的，物品品种、形状、尺寸、重量、包装、性质等千差万别，车型、船型也各不相同。对多变的作业对象的适应能力是搬运系统的又一特点。

3. 局部性与社会性

生产领域的搬运作业的设备、设施、工艺、管理等涉及的面基本上局限于企业内部；流通领域搬运的诸因素牵涉到整个社会，如搬运的收货、发货、车站、港口、货主、收货人等都在变动，因此，设备、设施、工艺、管理、作业标准等都必须相互协调，才能发挥整体效益。

4. 单纯性与复杂性。

生产领域的搬运大多数是单纯改变物料的存放状态和几何位置，作业比较单纯；流通领域的搬运是与运输、储存紧密衔接的，为了安全和充分利用车船的装载能力与库容，基本上都要进行堆码、满载、加固、计量、检验、分拣等作业，比较复杂，而这些作业又都成为搬运作业的分支或附属作业，对这些分支作业的适应能力也成了搬运系统的特点之一。

由于在不同的领域搬运作业具有各自的特点，因此，在进行研究、设计、运用、改进、评价时，就表现出不同的侧重面。

工作任务3：熟悉搬运作业中物品移动的三种基本单位。

☞ *知识窗*

1. 散装

散装是最简单且最廉价的物品搬运方法，每次的运送量较大，但散装搬运比较容易破坏物品或造成边缘的损坏，应特别注意。

2. 个装

个装往往是体积很大的物品，大部分的移动需要大型搬运机或辅助设施。个装也可累积到某些单元数量后再运，如栈板（托盘）、笼车、盒子与篮子等都是单元载重，单元载重的好处在于可以保护物品并降低每单位的移动成本及装卸成本，让搬运作业运行得更加完善、经济。

3. 包装

多数量的单元包装是标准化的形式，其大小、形态与设计都要一致，才能节省成本。

学习情境2　搬运作业管理的分类

知识点：搬运作业管理的分类。

关键技能点：掌握按不同的要求对搬运作业管理进行分类。

工作任务1：掌握按作业场所对搬运作业管理分类。

☞ *知识窗：*

1. 铁路搬运

铁路搬运是指在铁路车站进行的搬运作业，除搬运火车车厢物品外，还包括汽车的装卸、堆码、拆取、分拣、配货、中转等作业。

2. 港口搬运

港口搬运是指在车站或仓库外的装卸站台上进行的各种搬运作业，如装车、卸车、集装箱搬运等作业。

3. 场库搬运

场库搬运是指在仓库、堆场、物流中心等处的搬运作业，如堆码、分拣、配货、装车等作业。另外，如空运机场、企业内部以及人不能进入的场所，均属此类。

4. 车间搬运

车间搬运是指在车间内部工序间进行的各种搬运作业，如原材料、在制品、半成品、零部件、产成品等的取放、分拣、包装、堆码、输送等作业。

工作任务2：掌握按操作特点对搬运作业管理分类。

☞ 知识窗：

1. 堆码取拆作业

这包括在车厢内、船舱内、仓库内的码摞和拆垛作业。

2. 分拣配货作业

这是指按品类、到站、去向、货主等不同特征进行分拣物品作业。

3. 挪动移位作业

这是指单纯地改变物品的支承状态的作业（例如，从汽车上将物品卸到站台上）和显著（距离稍远）改变空间位置的作业。

以上作业又可分为手工操作、半自动操作和全自动操作。

工作任务3：掌握按作业方式对搬运作业管理分类。

☞ 知识窗：

1. 吊装吊卸（垂直装卸）

这是通过使用各种起重机械，以改变物品铅垂方向的位置为主要特征的方法，这种方法历史最悠久，应用面最广。

2. 滚装滚卸（水平装卸）

这是以改变物品水平方向的位置为主要特征的方法，如各种轮式、履带式车辆通过站台、渡板开上开下装卸物品，用叉车、平移机来装卸集装箱、托盘等。

工作任务4：掌握按作业对象对搬运作业管理分类。

☞ 知识窗：

1. 单件作业

这是人力作业阶段的主导方法。目前对长、大、笨重的物品，或集装会增加危险的物品等，仍采取这种传统的单件作业。

2. 集装作业

这是指先将物品集零为整，再进行搬运的方法，有集装箱作业、托盘作业、货捆作业、滑板作业、网装作业及挂车作业等。

3. 散装作业

这是指对煤炭、矿石、粮食、化肥等块、粒、粉状物资，采用重力法（通过筒仓、溜槽、隧洞等方法）、倾翻法（铁路的翻车机）、机械法（抓、舀等）、气力输送（用风机在管道内形成气流，应用动能、压差来输送）等方法进行搬运。

工作任务 5：掌握按作业手段和组织水平对搬运作业管理分类。

☞ 知识窗：

（1）人工作业。
（2）机械作业。
（3）综合机械化作业。

工作任务 6：掌握按装卸设备作业特点对搬运作业管理分类。

☞ 知识窗：

1. 间歇作业

这是指在搬运作业过程中有重程和空程两个阶段，即在两次作业中存在一个空程准备过程的作业方法，如门式和桥式起重机作业。

2. 连续作业

这是指在搬运作业过程中设备不停地作业，物资可连绵不断、持续流水般地实现搬运作业的方法，如带式输送机、链斗装车机作业。

学习情境 3　搬运作业的改善

知识点：搬运作业的发生时机、原则、因素和合理措施。
关键技能点：根据搬运作业的原则和重要因素掌握改善的主要措施。

工作任务 1：了解搬运作业发生的时机。

☞ 知识窗：

搬运作业包括自运输系统装上和卸下物品，从卸货点搬运至物流中心，物流中心内的搬运和从物流中心内取出物品等作业，物流中心搬运作业发生的时机如图 1-27 所示。物流中心的搬运作业，不一定包括所有的搬运作业，但已使我们了解到物品搬运除增加成本外，无法增加产品价值，因此我们必须尽可能地减少物品搬运次数，以降低成本。

工作任务 2：了解改善搬运作业的基本原则。

☞ 知识窗：

（1）距离的原则——距离越短，搬运越经济。
（2）数量的原则——搬运的数量越多，每单位搬运成本越低。

工作任务 3：掌握改善搬运作业时需考虑的五项因素。

☞ 知识窗：

1. 搬运对象

搬运对象是指搬运物品的数量、重量、形态，就是要保证在整个作业过程中各点都要

图1-27 物流中心搬运作业发生的时机

能不断收到正确且适量、完好的物品,同时要使搬运设备能对应好搬运的物品量,以免徒增设备产能耗费。

2. 搬运距离

这是指搬运的位移及长度。搬运的位移包括水平、垂直、倾斜方向的移动,而长度则指位移的大小。因而良好搬运即是要设法运用最低成本、最有效的方法来克服搬运位移、长度,以尽快将所需物品送到指定的场所。

3. 搬运空间

物料、搬运设备皆有所占空间,所以在系统规划时必须预留足够适当的搬运空间,才能达到搬运目的。然而,空间的需求受搬运系统的效率影响很大(一个无效率的搬运系统为防拥塞其所需空间必定较大),因而搬运要有效才能使厂房空间得到充分利用。

4. 搬运时间

搬运时间的意义包括两种:搬运过程的总耗费时间及完成任务的预期时间。要使这两项时间控制在规划之内,就必须配合适当的机具及运作方式,这样才能使物品在恰好的时间到达确定的地点,以避免"过快"(会影响后续作业效率)或"不及"(往往增加仓储成本)的发生。

5. 搬运手段

如表1-28所示,针对搬运的对象,要使搬运达到有效的移动,利用有效的空间,掌握有效的时间,都必须采用适当的搬运手段。而对于手段的运用,应遵循经济、效率两大原则,并在其中谋求一个平衡点,才能满足对内、对外的高度要求。

表1-28 改善搬运的原则与方法

因素		目标	想法	改善原则	改善方法
物料搬运	搬运对象	减少总重量、总体积	减少重量、体积	尽量废除搬运	调整厂房布置
					合并相关作业
				减少搬运量	减少搬运量
	搬运距离	减少搬运总距离	减少回程	废除搬运	调整厂房布置
				顺道行走	
			回程顺载	掌握各点相关性	调整单位布置
			缩短距离	直线化、平面化	调整厂房布置
			减少搬运次数	单元化	栈板、货柜化
				大量化	利用大型搬运机
					利用中间转运站
	搬运空间	降低搬运使用空间	减少搬运	充分利用三度空间	调整厂房布置
			缩减移动空间	降低设备回转空间	选用合适、不占空间、不需太多辅助设施的设备
				协调搬运时机	时间规划安排
	搬运时间	缩短搬运总时间	缩短搬运时间	高速化	利用高速设备
				争取时效	搬运均匀化
			减少搬运次数	增加搬运量	利用大型搬运机
		掌握搬运时间	估计预期时间	时间化	时间规划控制
	搬运手段	利用经济、效率的手段	增加搬运量	机械化	利用大型搬运机
					利用机器设备
				高速化	利用高速设备
				连续化	利用输送带等连续设备
			采用有效管理方式	争取时效	搬运均匀化
					循环、往复搬运
			减少劳力	利用重力	使用斜槽、滚轮输送带等重力设备

工作任务4：熟悉搬运作业合理化措施。

☞ 知识窗1：防止和消除无效作业

无效作业是指在搬运作业中超出必要的搬运量的作业。为了有效地防止和消除无效作业，可从以下几个方面入手：尽量减少搬运次数，提高被搬运物资的纯度，包装要适宜。

☞ 知识窗 2：选择适宜的搬运路线

搬运路线通常分为直达型、渠道型和中心型，如图 1-28 所示。

图 1-28　搬运路线

☞ 知识窗 3：提高物资搬运的灵活性

物资搬运的灵活性是指对搬运作业中的物资进行搬运的难易程度。所以，在堆放物品时，事先要考虑到物品搬运作业的方便性。物品搬运的灵活性，根据物品所处的状态，即物品搬运的难易程度，可分为不同的级别，如图 1-29 所示。

图 1-29　物品搬运的级别

☞ 知识窗 4：实现搬运作业的省力化

在物品搬运中应尽可能地消除重力的不利影响，在有条件的情况下利用重力进行搬运，可减轻劳动强度和能量的消耗。

☞ 知识窗 5：搬运作业的机械化

机械化程度一般可分为三个阶段：第一个阶段是使用简单的搬运器具的阶段；第二个阶段是使用专用高效的搬运机具的阶段；第三个阶段是依靠电子计算机实现自动化的阶段。

☞ 知识窗 6：推广组合化搬运

在搬运作业过程中，根据不同物品的种类、性质、形状、重量的不同来确定不同的搬运作业方式。组合化搬运具有很多优点：①搬运单位大、作业效率高，可大量节约搬运作业时间；②能提高物品搬运的灵活性；③操作单位大小一致，易于实现标准化；④不用手去触及各种物品，可达到保护物品的效果。

学习情境 4　搬运作业的分析

知识点：从过程、起讫点、流量、搬运高度等搬运流程的四个不同方面来进行搬运作业的分析。

关键技能点：通过对搬运作业的分析来掌握搬运作业流程的情况。

工作任务 1：掌握过程分析。

☞ 知识窗 1：过程分析的含义

过程分析（过程图）主要目的在于观察并收集一件物品由进货到出货的整个过程中有关的资料，或是一项作业进行过程中的所有相关的信息及相配合的实体资源设备。

☞ 知识窗 2：过程分析的特点

过程分析由于须考虑整个过程，所以一次只能分析一种物品，或一类材料，或一项作业。

☞ 知识窗 3：过程分析的制作方法

过程分析主要靠过程图的运用将作业情况表示出来，而后针对现况进行改善的动作。一般的过程分析可以采用现成表格或作业流程图来表示，如表 1-29 所示。

表 1-29　榨汁机进货入库过程

物品名称及单位	活动符号	描述	每载重量/磅	每次运送数量	距离/m
1. 榨汁机（栈）		进货存放于码头月台			
2. 榨汁机（栈）		以堆高机搬运至暂存区	360	3	5
3. 榨汁机	■	卸栈、拆箱			
4. 榨汁机（盒）		数量、品质检验			
5. 榨汁机（盒）		由输送机运送至加工区	2	540	20
6. 榨汁机（盒）	■	流通加工			
7. 榨汁机	■	重包装			
8. 榨汁机（箱）		由输送机运至储区	12	90	30
9. 榨汁机（箱）	■	入库储存			

工作任务2：掌握起讫点分析。

☞ *知识窗1：起讫点分析的含义*

与过程分析不同，起讫点分析并不需要观察过程中的每一状况，而是由每一次搬运的起点及终点，或是以各站固定点为记录目标，来对搬运状况做分析。

☞ *知识窗2：起讫点分析的运行方式*

1. 路线图表示法

每次分析一个流通路线，观察并收集每一移动的起讫点资料及在这条路线上各种不同物品流通的状况。路线图探讨每一路线中物品移动的状况，其一般格式如表1-30所示。

表1-30　路线图

从_____到_____			制图员_____				
编号_____　日期_____			页数_____				
物品类别		路线情况 距离_____		流量			
序号	类别代码	起点时间	经过路线	终点时间	数量	经过时间	流量强度

2. 流入流出图表示法

观察并收集流入或流出某一区域的各种移动状况，一旦路线过多反而会成为管理上的一项负担，因此若路线很多时，最好使用流入流出图来描绘不同物品在某一区域的流入流出情形，其格式如表1-31所示。

表1-31　流入流出图

制图员_____　编号_____　区域_____　日期_____　页数_____							
	流入				流出		
物品代码	每天数量		从作业区域	到作业区域	每天数量		物品代码
	单位	数量			单位	数量	

工作任务3：掌握物品流量分析。

☞ *知识窗1：物品流量分析的含义*

物品在部门单位间转移往往呈现极不规则的方向，为追求时效，管理者必须尽量使所有转移工作都能用最简捷的方向、最短距离的方法完成。而物品流量分析便是将整个转移路径概略绘出，来观察物品移动的流通形态。

☞ 知识窗2：物品流量分析的主要目的

（1）计算各配送计划下可能产生的物品流量，以作为设计搬运方法、选择搬运设备的参考。

（2）评定布置方式的优劣。

（3）配合物品流通形态改变布置方式。

（4）调整物品搬运路径的宽窄。

（5）掌握作业时间，进而预测各阶段时间。

☞ 知识窗3：物品流量分析的方法

物品流量分析的方法多半依靠分群或各组织下设的部门单位作为分析的基础，使用方法可分两类：

1. 部门间直线搬运法

此情况是假设各部门间直线流通并无障碍，以直线距离来作流量分析。此方法与实际状况多少有些差距。

2. 最短路径搬运法

此方法为模拟实际搬运作业的方法，通常依靠电脑来协助处理，运用此方法分析可得出各单位间的最短搬运路径、各路径的物品流通量、在各配送计划下的总搬运量，如图1-30所示，此三项结果能协助管理者达到改善搬运的目的。

图1-30 最短路径搬运法模拟的物品流量

此外，为求更精确的计算，在进行物品流量分析时，也可以用表1-32的形式来协助计算。

表1-32 物品流量分析表

起讫分群	物品流量	搬运路径	各路径流量计算	
			路径代号	流量
___至___				
___至___				
___至___				

工作任务4：掌握搬运高度分析——现状展开图分析法。

☞ 知识窗：

搬运高度在上下变动时必须有动作，如将物品提高、倾斜、拉下等，很容易导致时间与体力的消耗，因而厂房、设备等的配置，应尽可能水平地规划。因此在搬运高度分析上，我们可先依目前设备、设施、搬运用具等的配置，画出现状的搬运高度展开图，如图1-31所示。在这张展开图里，最好能将各有关事项逐一记载，如搬运手段、人员、场所的情形、设备名称等，应包含全部的调查，尤其在高度方面。而后由此图进行调整改善，施予水平配置计划，图1-32便是改善后的搬运高度展开图。其中最简单的水平调整方式是使用台子的设计将机械设备垫高，让物品能依大体上一致的高度移动，使上下坡的搬运情形减少。

图1-31　现状的搬运高度展开图

图1-32　改善后的搬运高度展开图

实训场景 9
输配送作业

学习情境 1　输配送作业概述

知识点：输配送作业的含义和特点。
关键技能点：熟悉输配送作业的含义和特点。

工作任务 1：熟悉输配送系统的含义。

☞ 知识窗 1：
配送中心输配送系统是完成物品配送的功能子系统，也是配送中心系统中一个非常重要的组成部分。正是通过输配送系统，配送中心才得以最终完成物品从生产商到客户的转移，实现物品的使用效用。另外，配送中心输配送系统还通过对物品的集中、合理配送有效地节约了运力，降低了整个社会的物流总成本。

☞ 知识窗 2：
配送中心输配送系统主要是通过自己掌握的运输工具、运输人员把用户订购的物品从制造厂、生产基地、批发商、经销商或配送中心送到客户手中的过程。输配送通常是一种短距离、小批量、高频率的运输形式。它以服务为目标，以尽可能满足客户需求为宗旨。配送的资源可以是配送中心本身拥有的，也可以是通过租用社会运输资源获得的。另外，配送中心输配送系统还需要通过应用一些数量化的方法以及运输技术来优化配送工作，以便达到低成本高效率完成配送工作的目的。

工作任务 2：掌握输配送作业的特点。

☞ 知识窗：

1. 时效性

时效性是流通领域客户最重视的因素，也就是要确保能在指定的时间内交货。输配送作业是从客户订货至交货各阶段中的最后一个阶段，也是最容易引起时间延误的环节。影响时效性的因素很多，除配送车辆故障外，所选择的配送线路不当、中途客户卸货不及时等均会造成时间上的延误。因此，必须在认真分析各种因素的前提下，用系统化的思想和原则，有效协调、综合管理，选择合理的配送线路、配送车辆和送货人员，使每位客户在预定的时间内收到所订购的物品。

2. 可靠性

输配送作业的任务就是要将物品完好无损地送到目的地。影响可靠性的因素有物品的装卸、运送过程中的机械振动和冲击及其他意外事故、客户地点及作业环境、送货人员的素质等。因此在配送管理中必须注意可靠性原则。

3. 沟通性

输配送作业是配送的末端服务，通过送货上门服务直接与客户接触，是与客户沟通最直接的桥梁，它不仅代表着企业的形象和信誉，还在沟通中起着非常重要的作用。所以必须充分利用与客户沟通的机会，提高企业的信誉，为客户提供更优质的服务。

4. 便利性

配送以服务为目标，以最大限度地满足客户要求为宗旨，因此，应尽可能地让客户享受到便捷的服务。通过采用高弹性的输配送系统，如采用急送货、顺道送货与退货、辅助资源回收等方式，为客户提供真正意义上的便利服务。

5. 经济性

实现一定的经济利益是企业运作的基本目标，因此，对合作双方来说，以较低的费用完成输配送作业是企业建立双赢机制、加强合作的基础。所以不仅要满足客户的要求，提供高质量、及时方便的配送服务，还必须提高配送效率，加强成本管理与控制。

学习情境 2　输配送作业流程

知识点：输配送基本作业流程。

关键技能点：熟悉输配送基本作业流程，了解输配送基本作业流程的注意事项。

工作任务 1：熟悉输配送系统的基本作业流程。

☞ *知识窗*：输配送的基本作业流程（见图 1-33）

图 1-33　输配送的基本作业流程

1. 划分基本输配送区域

首先将客户所在的具体位置做较系统的统计，并做区域上的整体划分，再将每一客户包括在不同的基本输配送区域中，以作为配送决策的基本参考。如按行政区域或按交通条件划分不同的输配送区域，在区域划分的基础上再做弹性调整来安排输配送顺序。

2. 车辆配载

由于配送物品品种、特性各异，为提高输配送效率，确保物品质量，首先必须对特性差异大的物品进行分类。在接到订单后，将物品按特性进行分类，分别采取不同的输配送方式和运输工具，如按冷冻食品、速食品、散装物品、箱装物品等物品类别进行分类配载。其次，配送物品也有轻重缓急之分，必须初步确定哪些物品可配于同一辆车，哪些物品不能配于同一辆车，以做好车辆的初步配载工作。

3. 暂定输配送先后顺序

在考虑其他影响因素，做出确定的输配送方案前，应先根据客户订单的输配送时间将输配送的先后顺序大致进行预计，为车辆积载做好准备工作。计划工作的目的是保证达到既定的目标，所以，预先确定基本输配送顺序可以有效地保证送货时间，提高运作效率。

4. 车辆安排

车辆安排要解决的问题是安排什么类型、吨位的配送车辆进行最后的输配送。一般企业拥有的车型有限，车辆数量也有限。当企业的自有车辆无法满足需求时，可使用外雇车辆。在保证输配送运输质量的前提下，是组建自营车队，还是以外雇车为主，须视经营成本而定。

5. 选择送货线路

确定了每辆车负责配送的具体客户后，如何以最快的速度完成对物品的配送，即如何选择配送距离短、配送时间短、配送成本低的路线，就必须对客户的具体位置、沿途的交通情况等做出优先选择和判断。除此之外，还必须考虑有些客户或其所在地点对送货时间、车型等方面的特殊要求，如有些客户不在中午或晚上收货，有些道路在某高峰期实行特别的交通管制等。

6. 确定最终的输配送顺序

做好车辆安排及选择好最佳的配送线路后，依据各车负责配送的先后顺序，即可将客户的最终送货顺序加以确定。

7. 完成车辆积载

明确客户的输配送顺序后，接下来就是如何将物品装车，按什么次序装车的问题，即车辆的积载问题。原则上，确定了客户的输配送顺序之后，只要将物品依"后送先装"的顺序装车即可。但有时为了有效利用空间，可能还要考虑物品的性质（怕震、怕压、怕撞、怕潮）、形状、体积及重量等做出弹性调整。此外，对于物品的装卸方法也必须考虑物品的性质、形状、重量、体积等因素后再做具体决定。

工作任务2：掌握输配送作业流程的注意事项。

☞ 知识窗：

在以上各阶段的操作过程中，需注意以下几点：

(1) 明确订单内容。
(2) 了解物品的性质。
(3) 明确具体送货地点。
(4) 适当选择输配送车辆。
(5) 选择最优的输配送线路。
(6) 充分考虑各作业点的装卸货时间。

学习情境3　输配送作业管理

知识点：收货管理、存货管理、发货管理、信息管理、财务管理。

关键技能点：熟悉输配送作业管理中的各个工作环节。

工作任务：熟悉输配送作业管理中的各个工作环节。

☞ *知识窗1：收货管理*

这是配送中心物流管理的第一个环节，其核心任务是将总部订购的来自各个生产厂家的商品汇集到配送中心，经过一系列的收货流程，按照规定的储存方法将物品置于合适的地点。

☞ *知识窗2：存货管理*

这是指对商品的储存管理。商品在仓库里的储存系统有两种模式：一种是商品群系统，另一种是货位系统。前者是指将同类商品集中放于一处，后者包括货位的编号。两种储存系统各具优缺点，商品群系统定位容易，但搬运困难；货位系统定位复杂，但方便调运。无论采用哪一种商品储存方法，其核心目的都是减少储存费用。

☞ *知识窗3：发货管理*

这是配送中心物流管理的最后一个环节，目的是把商品准确而又及时地输配送给各个客户。这就要求采用经济科学的配货方法和配货流程，在现代信息管理设备的辅助下，顺利完成这一管理职能。

☞ *知识窗4：信息管理*

信息流系统和输配送系统是结合在一起发生作用的，是支撑物流企业的两个车轮。可以说，信息流系统流畅与否直接决定着输配送系统的流畅程度，它主要表现在三个方面：一是提高订货与收货的精确性；二是及时掌握各处分店的信息；三是缓解人力不足等问题。因此，做好配送中心信息管理工作，对物流企业的发展至关重要。

☞ *知识窗5：财务管理*

配送中心因类型不同承担着不同的财务职能，特别是总部授权进货或参与进货的配送中心，财务管理是其内部职能之一。随着配送中心由自营型向共营型等社会化形态转变，财务职能将日益独立。

小结

仓储、配送的作业流程本质上属于物流作业流程，是规划仓储、配送中心的基础。高效完善的仓储、配送作业管理可以使整个物流运营更合理,从而可以最佳服务、最低的成本,达到最高质量的服务。

该模块围绕仓储、配送的九大基本作业流程进行了阐述。分别从认知每个作业流程中各环节的含义、作用、特点、分类和操作步骤,了解每个作业的设计原则、规划目标和流程管理,掌握各作业的效率评估及改善措施等方面阐述了配送中心的作业管理。

主要概念

进货作业,储存作业,盘点作业,订单处理作业,拣货作业,补货作业,出货作业,搬运作业,输配送作业,配送中心的作业流程设计主要目标,降低物流运营总成本和缩短补货时间,电子化运作的配送中心订单处理作业,EOS 系统,EDI(电子数据交换),进货作业的订货、接货、验收和储存四个环节,拣货和配货作业的拣选、加工、包装和配装环节,出货作业的装车和送货两个作业项目,ABC 库存分类法,盘点检查和方法,搬运作业的改善,输配送作业管理。

技能训练

一、单选题

1. 配送中心的基本作业流程不包括_____环节。
A. 盘点　　　　B. 出货　　　　C. 包装　　　　D. 搬运
答案:C

2. 一般卸货码头为作业安全与方便起见,常见有____设施。
A. 三种　　　　B. 四种　　　　C. 五种　　　　D. 六种
答案:B

3. "第一数字组代表物品的类别,第二数字组代表物品的形状,第三数字组代表物品的供应商,第四数字组代表物品的尺寸,至于每一个字组的位数多少要视实际需要而定",这是物品编号方法的_____。
A. 实际意义编号法　　　　B. 数字分段法
C. 流水号编号法　　　　　D. 分组编号法
答案:D

4. _____可以说是现代配送中心的典型流程,主要特点是有较大的储存场所,分货、拣选、配货场所及装备也较大。
A. 不带储存库的配送中心流程　　B. 批量转换型配送中心流程
C. 带储存库的配送中心流程　　　D. 集货配送中心的一般流程
答案:D

5. 配送中心的效益主要来自_____。
A. 统一经营、统一配送　　B. 统一进货、统一销售
C. 统一进货、统一配送　　D. 统一经营、统一销售
答案:C

二、多选题

1. 输配送通常是一种_____的运输形式。

A. 短距离　　　　B. 大批量　　　　C. 小批量　　　　D. 高频率
答案：ACD

2. 拣货信息成为拣货作业规划设计中重要的一环，使用_____等的传递方式来支援拣货系统。
A. 自动传输无纸化系统　　　　B. 条码
C. 传真　　　　D. 电脑
答案：ABD

3. 补货方式的分类标准有_____。
A. 按每次补货量区分　　　　B. 按补货周期区分
C. 按其他补货方式区分　　　　D. 按补货工人区分
答案：ABC

4. 依照日本工业规格（JIS）划分，出货包装分为_____三种。
A. 整装　　　　B. 个装　　　　C. 内装　　　　D. 外装
答案：BCD

5. 产品包装的特殊技法含_____。
A. 防震包装技法　　　　B. 对松泡产品进行压缩
C. 防霉包装技法　　　　D. 防锈包装技法
答案：ACD

三、简答题

1. 指出进货作业系统的设计原则。
2. 一个高效的订单处理系统能够给配送中心带来什么益处？
3. 从哪些方面来建立客户主档？
4. 储存作业的目标有哪些？
5. 简述搬运作业的过程分析（过程图）。

模块二
主管岗位技能夯实篇

实训场景 1
仓储与配送相关单证

知识点：

（1）储存作业的主要任务：在于把将来要使用或者要出货的物料进行保存，且经常要做库存品的检查控制，不仅要善于利用空间，也要注意存货的管理。尤其是配送中心与传统仓库的营运形态不同，储存更要注意空间运用的弹性及存量的有效控制。

（2）储存的一般原理：依照物品特性来储存，大批量使用大储区，小批量使用小储区；能安全有效率地使适合储于高位的物品使用高储区，笨重、体积大的物品储存在较坚固的层架及接近出货区；轻量品储存于有限的载荷层架；将相同或相似的物品尽可能接近储存；出库量慢的物品或小、轻及容易处理的物品使用较远的储区；周转率低的物品尽量远离进货、出货及仓库较高的区域；周转率高的物品尽量放于接近出货区及较低的区域；服务设施应选在低层楼区等。

（3）储存作业的目标：空间的最大化使用，劳力及设备的有效使用，所有物品都能随时存取，物品的有效移动，物品品质良好的保护，良好的管理。

关键技能点：正确制作仓储与配送相关单证

[背景材料 1]

上海××物流有限公司是一家 TPL 公司。2019 年 5 月 26 日，上海联亚化工有限公司送来 DD611XF 粉粒状产品 5 500 kg，共 100 箱，收货后存放于 A 处（桩脚 419 - 43，期初数：880 kg）；DD610XG 粉粒状产品 2 000 kg，共 20 箱，收货后存放于 B 处（桩脚 419 - 60，期初数：500 kg）。同日，上海宏祁贸易有限公司打来电话，要求 2019 年 5 月 27 日送 DD611XF 粉粒状产品 3 300 kg，DD610XG 粉粒状产品 1 000 kg。2019 年 5 月 28 日，上海太平洋化工厂送来 DD611XF 粉粒状产品 4 400kg，共 80 箱，收货后存放于 C 处（桩脚 419 - 73）。2019 年 5 月 29 日，上海太平洋化工厂又送来 DD611XF 粉粒状产品 3 300 kg，共 60 箱，收货后存放于 D 处（桩脚 419 - 88）。

[操作与实训任务 1]

（1）填制库存动态表（见表 2 - 1）、物资分批进库明细单（见表 2 - 2）、配送通知单（见表 2 - 3）、内部提货单（见表 2 - 4）。

（2）学生每 5 人分成 1 组，以效率（完成时间最短）和正确性作为评分标准。

表 2 - 1　××仓库××物品库存动态表

日期	品名	期初数	进库量	出库量	期末数

续表

日期	品名	期初数	进库量	出库量	期末数
周计					

表 2-2 物资分批进库明细单

货主单位： 日期： 年 月 日

进仓日期	品名	件数	重量/kg	桩脚	备注
合计					

填表人：

表 2-3 配送通知单

货主单位： 日期： 年 月 日 编号：

送货单位	编号	品名	批号、规格	发货数量	提货单号	备注

仓管员： 配送员： 制单人：

表 2-4 内部提货单

货主单位	品名	桩脚	提单号码	重量/kg	数量/件	总重量/t
提货单位	开单日期	数量/件	提货重量/t	未提数量/件	未提重量/kg	提货日期

[任务完成的记录1]

[背景材料2]

深圳食品进出口公司从深圳梅林罐头厂买入一批"梅林"牌午餐肉（397g×24听/箱）罐头（商品编号为MAL397），出口装运期间分批装运出口。进仓的具体日期如下：2019年1月8日进仓"梅林"牌午餐肉500箱，2019年5月18日进仓"梅林"牌午餐肉200箱，2019年6月12日进仓中性包装午餐肉100箱（商品编号为ZHX397），2019年6月18日进仓"梅林"牌午餐肉400箱，上述商品单价均为240元，纸箱装。

2019年9月11日出口"梅林"牌午餐肉900箱，外销合同号是SC12002。

仓库等情况说明：仓库为食品一库，500箱放在C-1仓位，400箱放在C-2仓位，200箱放在A-1仓位，100箱放在A-2仓位，进仓单编号从J00001顺序进行编排，制单时间是出入库的前一天。中性包装午餐肉的外销合同号是SC12001。数量在运输途中没有损耗，件数的计量单位同数量单位。

[操作与实训任务2]

（1）请分别开出进仓单（见表2-5～表2-8）。

表2-5 深圳食品进出口公司商品进仓单1

供货单位：　　　　制单时间：　　　　编号：
仓库/仓位：　　　　入库时间：　　　　外销合同号：

商品编号	品名及规格	包装	件数	数量		单位	单价	金额
				原发数	实收数			

保管员：　　　　入库员：　　　　业务制单员：

表2-6 深圳食品进出口公司商品进仓单2

供货单位：　　　　制单时间：　　　　编号：
仓库/仓位：　　　　入库时间：　　　　外销合同号：

商品编号	品名及规格	包装	件数	数量		单位	单价	金额
				原发数	实收数			

保管员：　　　　入库员：　　　　业务制单员：

表2-7 深圳食品进出口公司商品进仓单3

供货单位：　　　　　　　　制单时间：　　　　　　　　编号：
仓库/仓位：　　　　　　　　入库时间：　　　　　　　　外销合同号：

商品编号	品名及规格	包装	件数	数量		单位	单价	金额
				原发数	实收数			

保管员：　　　　　　　　入库员：　　　　　　　　业务制单员：

表2-8 深圳食品进出口公司商品进仓单4

供货单位：　　　　　　　　制单时间：　　　　　　　　编号：
仓库/仓位：　　　　　　　　入库时间：　　　　　　　　外销合同号：

商品编号	品名及规格	包装	件数	数量		单位	单价	金额
				原发数	实收数			

保管员：　　　　　　　　入库员：　　　　　　　　业务制单员：

（2）请按照"先进先出"的原则开出一张出仓单（见表2-9）。

表2-9 深圳食品进出口公司商品出仓单

仓库：　　　　　　　　　　制单时间：　　　　　　　　编号：
仓位：　　　　　　　　　　出库时间：　　　　　　　　外销合同号：

商品编号	品名及规格	包装	件数	数量		单位	单价	金额
				原发数	实收数			

保管员：　　　　　　　　出库员：　　　　　　　　业务制单员：

（3）学生每5人分成1组，以效率（完成时间最短）和正确性作为评分标准。

[任务完成的记录2]

[背景材料3]

郑州华德永佳地毯有限公司（简称"华德公司"）于2019年6月7日收到客户编号为KHBH001的原材料供应商内蒙古兴安盟商贸总公司发来的一批原材料。应收产品包括：

01，羊毛Aa，产品编号CPBH001a，袋装，60kg/袋，共计20袋；

02，羊毛Bb，产品编号CPBH002b，袋装，60kg/袋，共计20袋；

03，羊毛 Ca，产品编号 CPBH003a，袋装，60kg/袋，共计 20 袋；

04，羊毛 Db，产品编号 CPBH004b，袋装，60kg/袋，共计 20 袋。

华德公司仓库保管员程欣然收到该批产品入库通知单（RKTZD001），编制作业计划单号为 RKD001 的入库单，将该批原材料存放于编号为 KF001 的库房。但在入库验收中发现羊毛 Db 质量没过关，包装出现破损，要求产品编号为 CPBH004b 的羊毛 Db 全部退货。于是程欣然于当时编制作业计划为 CKD001 的退货申请单，退货单号是 THDH001，要求内蒙古兴安盟商贸总公司更换产品编号为 CPBH004b 的羊毛 Db（其中送货单号是 SHDH001）。

其他合格产品暂放在编号为 KF001 库房的暂存区，待产品（羊毛 Db）更换完毕后一起入库。

[**操作与实训任务 3**]

如果你是程欣然，请根据上述信息完成退货申请单的缮制及暂存产品的入库单缮制（见表 2-10，注：带 * 部分必填）。

表 2-10 入库单

作业计划单号：

库房					□正常商品		□暂存商品		□退换货	
*客户名称				客户编号			制单时间			
入库单通知号				*应收总数			*实收数量			
*商品名称	*商品编号	*规格	单位	*应收数量		*实收数量	*货位号		批号	备注
保管员						制单人				

[**任务完成的记录 3**]

[**背景材料 4**]

2019 年 5 月 23 日丰台区李宁专卖店仓库收到编号 BH001 李宁上海生产厂的一批产品，应收产品详情：

01，运动服 A1S，产品编号 A011，袋装，1 套/袋，共计 100 袋，存放于编号为 HW001a 的货位，批号为 20190523；

02，运动服 A2M，产品编号 A012，袋装，1 套/袋，共计 100 袋，存放于编号为 HW001b 的货位，批号为 20190523；

03，运动服 A3L，产品编号 A013，袋装，1 套/袋，共计 100 袋，存放于编号为 HW001c 的货位，批号为 20190523；

04，运动服 B2S，产品编号 B021，袋装，1 套/袋，共计 100 袋，存放于编号为 HW002a 的货位，批号为 20190523。

专卖店仓库保管员程浩收到该批产品入库通知单 RKTZD001，编制作业计划单号为 RKD001 的入库单，将该批产品存放于编号为 KF001 的库房。

[操作与实训任务4]

请根据题干信息，完成入库单的缮制（见表 2-11，注：*的部分必填）

表 2-11 入库单

作业计划单号：

库房：				□正常商品 □暂存商品 □退换货					
*客户名称				*客户编号			制单时间		
*入库单通知号				应收总数			*实收数量		
*商品名称	*商品编号	*规格	单位	*应收数量	*实收数量	*货位号	批号	备注	
保管员				制单人					

[任务完成的记录4]

[背景材料5]

郑州华德永佳地毯有限公司（简称"华德公司"）于 2019 年 6 月 7 日收到客户编号为 KHBH001 的原材料供应商内蒙古兴安盟商贸总公司的发来一批原材料。应收产品包括：

01，羊毛 Aa，产品编号 CPBH001a，袋装，60kg/袋，共计 20 袋；

02，羊毛 Bb，产品编号 CPBH002b，袋装，60kg/袋，共计 20 袋；

03，羊毛 Ca，产品编号 CPBH003a，袋装，60kg/袋，共计 20 袋；

04，羊毛 Db，产品编号 CPBH004b，袋装，60kg/袋，共计 20 袋。

华德公司仓库保管员程欣然收到该批产品入库通知单（RKTZD001），编制作业计划单号为 RKD001 的入库单，将该批原材料存放于编号为 KF001 的库房。但在入库验收中发现羊毛 Db 质量没有过关，包装出现破损，要求产品编号为 CPBH004b 的羊毛 Db 全部退货。于是程欣然于当时编制作业计划为 CKD001 的退货申请单，退货单号是 THDH001，要求内蒙古兴安盟商贸总公司更换产品编号为 CPBH004b 的羊毛 Db（其中送货单号是 SHDH001）。

其他合格产品暂放在编号为 KF001 库房的暂存区，待产品（羊毛 Db）更换完毕后一起入库。10 日产品编号为 CPBH004b 的羊毛 Db 送到后，将所有产品存放在仓库 KF001 中相应的储位，保管员是程欣然，程欣然编制储位分配单 CWFPD001。

当前仓库 KF001 的储位情况如下：

HW406 的货位（空），HW407 的货位（空），HW408 的货位（空），HW409 的货位（空），其中距出库理货区由近及远为：HW409 的货位（空），HW408 的货位（空），HW407 的货位（空），HW406 的货位（空）。

每个储位最多可放羊毛 20 袋；羊毛 Aa、羊毛 Bb、羊毛 Ca、羊毛 Db 依次出入库频率降低。

[**操作与实训任务 5**]

如果你是程欣然，请根据上述信息完成储位分配单的缮制（见表 2-12，注：带*部分必填）。

表 2-12 储位分配单

操作编号：

*作业单号				*库房		
*制单人				*日期		
商品明细						
序号	*位置	*商品名称	*规格	批次	*应放	*实放	*单位	备注

[**任务完成的记录 5**]

[背景材料6]

郑州华德永佳地毯有限公司（简称"华德公司"）于2019年6月7日收到客户编号为KHBH001的原材料供应商内蒙古兴安盟商贸总公司发来的一批原材料。应收产品包括：

01，羊毛Aa，产品编号CPBH001a，袋装，60kg/袋，共计20袋；

02，羊毛Bb，产品编号CPBH002b，袋装，60kg/袋，共计20袋；

03，羊毛Ca，产品编号CPBH003a，袋装，60kg/袋，共计20袋；

04，羊毛Db，产品编号CPBH004b，袋装，60kg/袋，共计20袋；

华德公司仓库保管员程欣然收到该批产品入库通知单（RKTZD001），编制作业计划单号为RKD001的入库单，将该批原材料存放于编号为KF001的库房。但在入库验收中发现羊毛Db质量没有过关，包装出现破损，要求产品编号为CPBH004b的羊毛Db全部退货。于是程欣然于当时编制作业计划为CKD001的退货申请单，退货单号是THDH001，要求内蒙古兴安盟商贸总公司更换产品编号为CPBH004b的羊毛Db（其中送货单号是SHDH001）。

[操作与实训任务6]

请根据以上资料信息填写完整退货申请单（见表2-13，注：带*部分必填）。

表2-13 退货申请单

*客户名称				*申请日期			
*退货单号	*商品名称	*规格	*数量	*送货单号	*退货原因	备注	
*制单人		*仓库人员		财务			

[任务完成的记录6]

[背景材料7]

2019年5月23日丰台区李宁专卖店仓库收到编号BH001李宁上海生产厂的一批产品。收到产品详情：

01，运动服A1S，产品编号A011，袋装，1套/袋，共计100袋，存放于编号为HW001a的货位，批号为20190523；

02，运动服A2M，产品编号A012，袋装，1套/袋，共计100袋，存放于编号为HW001b的货位，批号为20190523；

03，运动服 A3L，产品编号 A103，袋装，1 套/袋，共计 100 袋，存放于编号为 HW001c 的货位，批号为 20190523；

04，运动服 B2S，产品编号 B021，袋装，1 套/袋，共计 100 袋，存放于编号为 HW002a 的货位，批号为 20190523。

专卖店仓库保管员程浩收到该批产品入库通知单 PKTZD001，编制作业计划单号为 RKD001 的入库单，将该批产品存放于编号为 KF001 的库房。

丰台区李宁专卖店需要 23 日收到的运动服各 30 套，24 日，拣货负责人张邱菊编制并填写拣货单 JHD001（操作编号为 JHD001），并将拣选产品送至店面。当日，程浩又将该仓库中因掉色而无法出售的衣服退货给李宁上海生产厂并填写退货申请单。其中，运动服 S1S，10 件，退货单号是 THDH001，送货单号是 SHDH003；短裤 C1S，8 件，退货单号是 THDH002，送货单号是 SHDH007；运动上衣 DKS，2 件，退货单号是 THDH003，送货单号是 SHDH017。

[操作与实训任务 7]

请根据题干信息，完成退货申请单的缮制（见表 2-14，注：带 * 部分必填）。

表 2-14　退货申请单

*客户名称				*申请日期		
*退货单号	*品名	*规格	*数量	*送货单号	*退货原因	备注
*制单人		*仓库人员		*财务		

[任务完成的记录 7]

[背景材料 8]

由于近期盛威仓库业务较多，公司在 2019 年 4 月 29 日发出编号为 PD001 的盘点指令，要求在 2019 年 4 月 30 日对仓库 CK02 进行一次大的盘点。程俊俊作为仓库 CK02 的负责人在盘点过程中使用了三辆叉车、五名库工。

结果发现仓库一区 A10204 货位上的台灯 NA 实际数量为 29 箱，而账面数量为 30 箱。仓库二区 B10204 货位上的台灯 MR 实际数量为 31 箱，而账面数量为 30 箱。程俊俊负责回单，复核人为张军。

[操作与实训任务 8]

如果你是程俊俊，请按要求完成盘点单的缮制（见表 2-15，注：带 * 部分必填）。

表 2-15　盘点单

编号：

下达日期		执行日期	
*目标仓库		负责人		回单人	

*调用资源			
资源名称	负责人	数量	

商品信息								
*区	*储位	*品名	型号	*账面数量	*实际数量	*盈亏数量	*损坏数量	备注

*仓库负责人		复核人	

[任务完成的记录 8]

[背景材料 9]

某仓库中由于产品编号为 CPBHJ5 金纺衣物护理剂 500mL/袋（600 箱），属于出库频率较高的商品，于凯作为仓库 CK01 的一名负责人（于凯负责回单），2019 年 5 月 20 日接到仓储经理编号为 YKD001 的移库通知，要求在 2019 年 5 月 21 日完成移库作业。具体内容如下：使用两台叉车，操作工两名，把 A 区 02 储位上的货（库区负责人：张志）移到 C 区 01 储位上（库区负责人：王彬）。

[操作与实训任务 9]

请按要求完成移库单的缮制（见表 2-16，注：带 * 部分必填）。

表 2-16　移库单

*编号：

下达日期		执行日期	
原库负责人		目的库负责人		回单人	

调用资源		
资源名称	负责人	数量

续表

商品信息							
*品名	*单位	*源位置	*目标位置	*应拣数量	*实拣数量	*实存数量	备注
*原库负责人		*目的库负责人			拣货负责人		

[任务完成的记录9]

[背景材料10]

2019年10月26日，青岛金椰王食品有限公司销售部王刚收到河北唐山玉田食品批发公司采购部李兴的订货单，要求订购一批产品，于2019年10月29日8：00送到唐山玉田食品有限公司配送中心。10月27日，仓储管理员许飞根据订单要求编制编号为JHD032的拣货单，10月27日晚6时，许飞根据订单要求和资源编制编号为CKD001的出库单，其中物品信息如下：

01，椰丝，产品编号CP01，箱装，100kg/箱，要求10箱，物品重量1.00 t；

02，椰蓉，产品编号CP02，箱装，100kg/箱，要求20箱，物品重量2.00 t；

03，椰浆，产品编号CP03，箱装，100kg/箱，要求8箱，物品重量0.80 t。

金椰王食品有限公司的物品堆放的信息如下：

01，椰丝，产品编号CP01，箱装，100kg/箱，存放于编号CK02的仓库一区；

02，椰蓉，产品编号CP02，箱装，100kg/箱，存放于编号CK02的仓库二区；

03，椰浆，产品编号CP03，箱装，100kg/箱，存放于编号CK02的仓库一区。

将所有物品集齐后转到仓库CKL001D的暂存一区进行存放，等待收到发货通知单FHTZD001，于10月28日装运上车。

拣货工作由仓库CKL001D的负责人康金负责，并负责回单。10月28日由唐山玉田食品批发公司配送中心负责人李云将物品提取装车运走。

由于产品编号CP02椰蓉（200箱），属于出库频率较低的商品，许飞作为仓库CK02的一名负责人（许飞负责回单），2019年11月1日接到仓储经理编号为YKD001的移库通知，要求在2019年11月5日完成移库作业。具体内容如下：使用两台叉车，操作工两名，把二区02储位上的货（库区负责人：张晓）移到三区01储位上（库区负责人：吴彬）。

[操作与实训任务10]

请根据题干信息，完成移库单缮制（见表2-17，注：带*部分必填）。

表2-17 移库单

					*编号:	
下达日期			执行日期			
原库负责人		目的库负责人			回单人	
*调用资源							
资源名称	负责人	数量					
商品信息						
*品名	*单位	*原位置	*目标位置	*应拣数量	*实拣数量	*实存数量	备注
*原库负责人		*目的库负责人		拣货负责人			

[任务完成的记录10]

[背景材料11]

  湘润超市与湘通配送中心签订了日配协议，要求每天早上5时按前一天晚上的订单送货。湘润超市所在地只容许1.5t的货柜车通过。湘通配送中心现有配送路线四条，分别为芙蓉区路线、雨花区路线、岳麓区路线、开福区路线。湘润超市资料如下：

  地址：芙蓉区远大路53号；

  法人：周丹；

  联系方式：电话为0731-81234567，邮箱为1234567@qq.com。

  经调查研究，湘通配送中心根据贡献值把湘润超市的客户等级定为B级，信用级别考核定为二级，客户编号为4321。湘通配送中心建立该客户档案。

[操作与实训任务11]

  请填写湘润超市的客户档案内容（见表2-18）。

表 2-18 客户档案

项目	资料	备注
客户名称		
客户编号		
所在地址		
法人姓名		
联系方式		
客户等级		
信用级别		
配送路线		
配送类型		
配送车辆类型		

[任务完成的记录 11]

[背景材料 12]

2019 年 4 月 15 日，温州盛威电子有限公司（简称"盛威"）销售部程军收到南京润泰小家电市场采购部李成军的订货单，要求订购一批产品，于 2019 年 4 月 20 日 8 时送到南京润泰小家电市场仓库。

4 月 15 日，仓储管理员周淑芬根据客户订单要求编制编号为 JHD001 且作业单号为 ZYDH021 拣货单。

南京润泰小家电市场订货信息：

01，台灯 NA，产品编号 CPBH001A，8 个/箱，50 箱；

02，台灯 MR，产品编号 CPBH001B，8 个/箱，50 箱；

03，宠物灯 CA，产品编号 CPBH002A，12 个/箱，20 箱；

04，宠物灯 CK，产品编号 CPBH002B，12 个/箱，20 箱；

05，宠物灯 CF，产品编号 CPBH002C，12 个/箱，20 箱。

威盛仓库的物品堆放信息如下：

01，台灯 NA，批次为 20190321，存放于编号 CK02 的仓库一区；

02，台灯 MR，批次为 20190319，存放于编号 CK02 的仓库二区；

03，宠物灯 CA，批次为 20190308，存放于编号 CK02 的仓库三区；

04，宠物灯 CK，批次为 20190201，存放于编号 CK02 的仓库四区；

05，宠物灯 CF，批次为 20190121，存放于编号 CK02 的仓库五区。

[操作与实训任务 12]

请根据要求完成拣货单的缮制（见表 2-19，注：带 * 部分必填）。

表 2-19 拣货单

操作编号：

*作业单号				*库房			
*制单人				*日期			
商品明细							
序号	*位置	*商品名称	*规格	*批次	*应拣数量	*实拣数量	单位	备注

[任务完成的记录 12]

[背景材料 13]

2019 年 5 月 23 日丰台区李宁专卖店仓库收到编号 BH001 李宁上海生产厂的一批产品。收到产品详情：

01，运动服 A1S，产品编号 A011，袋装，1 套/袋，共计 100 袋，存放于编号为 HW001a 的货位，批号为 20190523；

02，运动服 A2M，产品编号 A012，袋装，1 套/袋，共计 100 袋，存放于编号为 HW001b 的货位，批号为 20190523；

03，运动服 A3L，产品编号 A013，袋装，1 套/袋，共计 100 袋，存放于编号为 HW001c 的货位，批号为 20190523；

04，运动服 B2S，产品编号 B021，袋装，1 套/袋，共计 100 袋，存放于编号为 HW002a 的货位，批号为 20190523。

专卖店仓库保管员程浩收到该批产品入库通知单 RKTZD001，编制作业计划单号为 RKD001 的入库单，将该批产品存放于编号为 KF001 的库房。

丰台区李宁专卖店需要 23 日收到的运动服各 30 套，24 日，拣货负责人张邱菊编制并填写拣货单 JHD001（且操作编号为 JHD001），并将拣选物品送至店面。

[操作与实训任务 13]

请根据题干信息，完成拣货单的缮制（见表 2-20，注：带 * 部分必填）。

表 2-20 拣货单

操作编号：

*作业单号				*库房			
*制单人				*日期			
商品明细							
序号	*位置	*商品名称	*规格	*批次	*应拣数量	*实拣数量	单位	备注

[**任务完成的记录** 13]

[**背景材料** 14]

华达配送中心于 2019 年 3 月 7 日 16 时 20 分收到三星超市订单（见表 2-21），要求采取摘果式拣选方法进行备货，华达配送中心拣选作业一般采用小推车人工拣选。

表 2-21 三星超市采购订单

供货单位：华达配送中心　　　交货日期：2019-03-09　　　下单日期：2019-03-07

订单号	2019030118	送达单位	三星超市
商品种类	商品名称	包装单位	数量
食品	康师傅方便面	盒	6
	娃哈哈纯净水 250mL	瓶	10
	娃哈哈纯净水 596mL	瓶	10
	旺旺牛奶	罐	6
	旺旺雪饼	袋	6

制单人：刘艳　　　主管：张山

[**操作与实训任务** 14]

请在图 2-1 中标出作业路线，说明作业步骤。

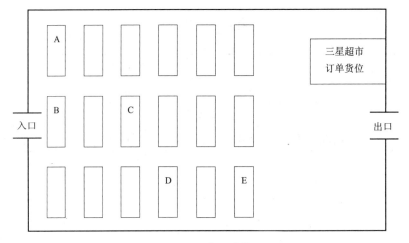

图 2-1 作业路线

注：A 表示娃哈哈纯净水 596mL；B 表示娃哈哈纯净水 250mL；C 表示旺旺牛奶；D 表示旺旺雪饼；E 表示康师傅方便面。

[任务完成的记录 14]

[背景材料 15]

2019 年 4 月 15 日，温州盛威电子有限公司（简称"盛威"）销售部程军收到南京润泰小家电市场采购部李成军的订货单，要求订购一批产品，于 2019 年 4 月 20 日 8 时送到南京润泰小家电市场仓库。

4 月 15 日，仓储管理员周淑芬根据客户订单要求编制编号为 JHD001 且作业单号为 ZYDH021 拣货单。

南京润泰小家电市场订货信息：

01，台灯 NA，产品编号 CPBH001A，8 个/箱，50 箱；

02，台灯 MR，产品编号 CPBH001B，8 个/箱，50 箱；

03，宠物灯 CA，产品编号 CPBH002A，12 个/箱，20 箱；

04，宠物灯 CK，产品编号 CPBH002B，12 个/箱，20 箱；

05，宠物灯 CF，产品编号 CPBH002C，12 个/箱，20 箱。

盛威仓库的物品堆放信息如下：

01，台灯 NA，批次为 20190321，存放于编号 CK02 的仓库一区；

02，台灯 MR，批次为 20190319，存放于编号 CK02 的仓库二区；

03，宠物灯 CF，批次为 20190308，存放于编号 CK02 的仓库三区；

04，宠物灯 CK，批次为 20190201，存放于编号 CK02 的仓库四区；

05，宠物灯CA，批次为20190121，存放于编号CK02的仓库五区。

4月15日15时，程军根据拣货单（JHD001）和发货通知单（FHTZD001）的要求和资源情况，编制作业计划单号为CKD001出库单。所有物品集齐后先存储在空闲的仓库CKL001D暂存一区进行存放，待4月16日装运发货。仓库CKL001D的保管人是程俊俊，拣货工作由仓库CKL001D的拣货人张宇负责，并负责回单。4月16日由南京润泰小家电市场负责人周贤将物品提取装车运走。

[操作与实训任务15]

如果你是程军，请按要求完成出库单的缮制（见表2-22，注：带*部分必填）。

表2-22 出库单

作业计划单号：

库房				□正常商品		□退换货		
*客户名称			*发货通知单号			出库时间		
*收货单位名称			*应发总数			*实发数量		

*商品名称	*商品编号	*规格	单位	应发数量	*实发数量	货位号	*批号	备注

保管员		提货人		制单人	

[任务完成的记录15]

[背景材料16]

2019年4月25日早上8时，南京苏果配送中心仓库CK01负责人刘梦云收到调度程金的编号为FHTZD001的发货通知单，要求从仓库CK01发出一批物品至桥北苏果店，包括金纺衣物护理剂200mL/袋，金纺衣物护理剂500mL/袋，奥妙洗衣粉200g/袋，奥妙洗衣粉500g/袋，各50箱，由调度员程金提货发往桥北苏果店，店长刘新宇接收。8点半时刘梦云编制作业计划单号为CKD001的出库单。

4月25日凌晨时仓库内物存详情为：

01，产品编号CPBHJ2金纺衣物护理剂200mL/袋：150箱，存放在CK01仓库A区01储位；

02,产品编号 CPBHJ5 金纺衣物护理剂 500mL/袋:250 箱,存放在 CK01 仓库 A 区 02 储位;
03,产品编号 CPBHJ10 金纺衣物护理剂 1000mL/袋:150 箱,存放在 CK01 仓库 A 区 03 储位;
04,产品编号 CPBHA2 奥妙洗衣粉 200g/袋:200 箱,存放在 CK01 仓库 B 区 01 储位;
05,产品编号 CPBHA3 奥妙洗衣粉 300g/袋:300 箱,存放在 CK01 仓库 B 区 02 储位;
06,产品编号 CPBHA5 奥妙洗衣粉 500g/袋:200 箱,存放在 CK01 仓库 B 区 03 储位。

[操作与实训任务 16]

如果你是刘梦云,请按要求完成出库单的缮制(见表 2-23,注:带 * 部分必填)。

表 2-23 出库单

作业计划单号:

库房			□正常商品	□退换货	
*客户名称		*发货通知单号		出库时间	
*收货单位名称		*应发总数		*实发数量	

*商品名称	*商品编号	*规格	单位	应发数量	*实发数量	*货位号	*批号	备注
保管员			提货人			制单人		

[任务完成的记录 16]

实训场景 2
库存控制

知识点：

（1）在配送中心储存作业管理中，存货管理的关键问题之一就是订购量的问题（必须补充多少存货），这里用库存控制系统的经济批量订货原理来计算订购量。

库存控制系统的经济批量订货原理是：

$$TC = CR + (R/Q)S + (Q/2)hC$$

其中：TC 为总费用；C 为每单位商品可变费用；R 为一次某商品年度需求总量；S 为一次订货固定采购费用；h 为每单位商品每年度保管费用与单位商品可变费用的比率。

最佳经济订货批量的公式是：

$$Q = \sqrt{2RS/(hC)}。$$

（2）所谓定量订货法，就是预先确定一个订购点和订货量，随时检查库存，当库存下降到订购点时就发出订货，订货量取经济订货批量。我们有时将定量订货库存控制方法称为 (s, S) 库存控制策略。即对库存进行连续盘点，当剩余库存量 x 下降至 s 时，则立即进行订货，补货量 $Q = S - x$，使其库存水平达到 S，其中，s 称为订购点（或称为最低库存量），S 称为最大库存水平。

定量订货库存控制方法的订购点和订货量都是事先确定的，而且检查时刻是连续的，需求量是可变的。定量订货库存控制方法的主要缺点是它必须不断连续核查仓库的库存量。由于一种物品的订货可能在任何时刻，这种情况就难以把若干物品合并到同一次订货中由同一供应商来供应，从而产生一定的费用。定量订货库存控制方法的主要优点是库存控制的技术和方法相对清晰和简单，并且可对高价值物品的库存费用精确控制。

（3）定期订货法是按预先确定的订货时间间隔按期进行订货，以补充库存的一种库存控制方法。其决策思路是：每隔一个固定的时间周期检查库存物品的储备量。根据盘点结果与预定的目标库存水平的差额确定每次订购量。这里假设需求为随机变化，因此，每次盘点时的储备量都是不相等的，为达到目标库存水平 Q 而需要补充的数量也随着变化。这样，这类系统的决策变量应是，检查时间周期 T、目标库存水平 Q。

（4）存货是一项重要的流动资产，在一般情况下，存货占企业总资产的 30% 左右，其管理、利用情况如何，直接关系到企业的资金占用水平以及资产的运作效率。在不同的存货管理水平下，企业的平均资金占用水平差别是很大的。正确的存货管理方法可以通过降低企业的平均资金占用水平，提高存货的流转速度和总资产周转率，最终提高企业的经济效益。由此看来，降低存货成本已经成为"第三利润源泉"。

（5）安全库存量的大小，主要由顾客服务水平来决定。所谓顾客服务水平，就是指对顾客需求情况的满足程度，公式表示如下：

顾客服务水平（%）= 年缺货次数/年订货次数 ×100%

对于安全库存量的计算，将借助于数量统计方面的知识，对顾客需求量的变化和前置期的变化做一些基本的假设，从而在顾客需求发生变化、前置期发生变化以及两者同时发生变化的情况下，分别求出各自的安全库存量。

技能点：掌握库存控制系统中经济批量订货原理的运用，掌握定量订购法的运用，掌握定期订购法的运用，掌握配送中心的存货管理，掌握安全库存量的计算方法。

工作任务：库存控制的相关计算。

［背景材料1］

某配送中心承担着向几家超市供应某种品牌单放机的任务，每月的需求量在1 000台左右。配送中心向厂商订一次货的固定费用为每次4 000元。每台单放机单价为500元，一台单放机一年的储存费用为其单价的20%。

［操作与实训任务1］
（1）分别计算和标出年度需求、全年固定订货费用、商品单价、储存费率。
（2）根据公式计算出最佳订货量和年度订货次数。

［任务完成的记录1］

［背景材料2］

某配送中心每年采购某种商品5 000件，每次的订货费为40元，储存费用是商品价款的20%，供货单位的区间价格如表2-24所示，这里假设不允许缺货、瞬时到货的条件。

表2-24 供货单位的区间价格

订货批量 Q/件	每件单价 P/元
$Q \leqslant 999$	5.00
$999 < Q \leqslant 1\ 999$	4.80
$1\ 999 < Q$	4.75

［操作与实训任务2］
求该企业的经济订货批量。
［任务完成的记录2］

[背景材料3]

某企业每年采购某种商品30 000箱，每次批量订货费用为25元，储存费用为每箱价格的20%，每100箱为一个基本订货单位，订货批量区间价格如表2-25所示。

表2-25 订货批量区间价格

订货批量 Q/件	$Q \leq 300$	$300 < Q \leq 500$	$500 < Q \leq 700$	$700 < Q \leq 900$	$Q > 900$
每箱单价/元	0.21	0.19	0.17	0.15	0.13

[操作与实训任务3]

基于订货批量区间价格，请计算经济订货批量和相应的总成本（含货款）。

[任务完成的记录3]

[背景材料4]

某企业计划生产A、B两种产品，耗用甲材料的单耗分别为10kg和20kg，产量分别为1 000件和500件，甲材料的计划单价为10元，每次采购费用为1 600元，单位材料的年保管费为其价值的40%。

[操作与实训任务4]

（1）甲材料的经济订货批量是多少？

（2）本题采用的是什么订货方法？分别介绍定期订货法和定量订货法的工作原理。

（3）如果每次进货量在5 000 kg以上，可享受2%的折扣，此时经济订货批量是多少？

[任务完成的记录4]

[背景材料5]

假设某公司预计全年需耗用甲零件5 000件。该零件的单位采购成本为20元，单位年储存成本为单位采购成本的10%，平均每次订货成本为50元。假设该零件不存在缺货的情况。

[操作与实训任务5]

（1）计算甲零件的经济订货量。

(2) 计算经济订货批量下的相关总成本和全部总成本。
[任务完成的记录 5]

[背景材料 6]

已知 ABC 公司与库存的有关信息如下：年需求数量为 30 000 单位（假设每年 360 天）；购买价格每单位 100 元；仓库储存成本是商品买价的 30%；订货成本每次 60 元；公司希望的安全储备量为 750 单位；订货的数量只能按 100 的倍数（四舍五入）确定；订货至到货的时间为 15 天。

[操作与实训任务 6]
(1) 最优经济订货批量为多少？
(2) 存货水平为多少时应补充订货？
(3) 存货平均占用多少资金？
[任务完成的记录 6]

[背景材料 7]

某公司销售某种化工原料，过去 1 周，每天销售的原料分别是 16 桶、17 桶、17 桶、18 桶、18 桶、17 桶和 16 桶。如果它们服从正态分布，订货前置期为 2 天，一次订货费用为 100 元，1 桶原料保管一天需要保管费用 10 元，要求库存满足率达到 90%。

[操作与实训任务 7]
若实行定量订货法控制，应该怎样进行操作？
[任务完成的记录 7]

[背景材料 8]

某公司为实施定期订货法策略，对某个商品的销售量进行分析，发现用户需求服从正态分布。过去 5 个月的销售量分别是：14, 16, 18, 17, 19（t/月），如果组织资源进货，则订货前置期为1个月,一次订货费用为10元,1t物资一个月的保管费用为1元。如果要求库存满足率达到90%,根据这些情况应当如何制定定期订货法策略?在实施定期订货法策略后,第一次订货检查时,发现现有库存量为1 t,已订未到物资5t,已经售出但尚未提货的物资3t。

[操作与实训任务8]
第一次订货时应该订购多少?
[任务完成的记录8]

[背景材料9]

润田矿泉水的需求率服从正态分布,其日均需求量为200件,标准差为25件,订购的前置期为5天,要求的客户服务水平为95%,每次订购成本为450元,年保管费率为20%,单价为1元,企业全年工作250天,本次盘存量为500件,经济订货周期为24天。

[操作与实训任务9]
计算目标库存水平与本次经济订购批量。
[任务完成的记录9]

[背景材料10]

郑先生为好迪化妆品配送商管理仓库存货。根据经验,郑先生知道某种化妆品的平均日需求量为100单位,完成周期为8天。郑先生此时还不需要缓冲存货。假定订货批量为1 200单位。

[操作与实训任务10]
(1) 假定采用永续检查,计算该种化妆品的订购点和平均存货水平。
(2) 如果每周检查存货一次,重新计算订购点和平均存货水平。
(3) 分析定期(周期)库存检查方式的适用范围。
[任务完成的记录10]

[背景材料 11]

某公司对办公用笔的平均日需求量为 100 支,并且其需求情况服从标准差为 10 支/天的正态分布,如果前置期固定常数 6 天,客户服务水平不低于 90%,则安全库存量为多少?(客户服务水平 90%,安全系数为 1.60)

[操作与实训任务 11]

计算需求量变化、前置期固定的安全库存量。

[任务完成的记录 11]

[背景材料 12]

某公司对办公用笔的日需求量为 100 支,前置期服从均值为 6 天、标准差为 2 天的正态分布,如果客户服务水平不低于 90%,则安全库存量为多少?(客户服务水平 90%,安全系数为 1.60)

[操作与实训任务 12]

计算需求量固定、前置期变化的安全库存量。

[任务完成的记录 12]

[背景材料 13]

某公司对办公用笔的平均日需求量为 100 支,标准差为 10 支/天,平均前置期为 6 天,标准差为 2 天,如果客户服务水平不低于 90%,则安全库存量为多少?(客户服务水平 90%,安全系数为 1.60;需求量、前置期均服从正态分布)

[操作与实训任务 13]

需求量、提前期都变化的安全库存量计算。

[任务完成的记录 13]

[背景材料 14]

某配送中心甲商品的年需求量 10 000 件，单位商品的年保管费为 40 元，每次订货成本 100 元。

[操作与实训任务 14]

求经济订货批量。

[任务完成的记录 14]

[背景材料 15]

某制造公司根据计划每年需采购甲零件 30 000 单位，甲零件的单位购买价格是 20 元，每次订购的成本是 240 元，每个零件的仓储保管成本为 10 元，订货前置期为 5 天。

[操作与实训任务 15]

求甲零件的经济订货批量、最低年库存总成本及每年的订货次数。

[任务完成的记录 15]

[背景材料 16]

企业每年需要采购单价为 200 元的商品 5 000 件，每次订购成本是 200 元，每件商品的存储保管成本为 50 元。

[操作与实训任务 16]

求该零件的经济订购批量、最低年总存储成本、每年订购次数及平均订购间隔周期。

[任务完成的记录 16]

[背景材料 17]

森博公司利用买进的部件组装有一个平面和四条腿的餐桌。桌面和桌腿的前置期分别为 2 周和 3 周，组装餐桌的前置期为 1 周。公司收到的订单要求在第 5 周送 20 张餐桌，第 7 周送 40 张餐桌。公司存货中有 2 张成品餐桌、40 条桌腿和 22 个桌面。

[操作与实训任务 17]

请分析应该如何订购零部件。

[任务完成的记录 17]

[背景材料 18]

经统计,30 天内某仓库内共处理订单 600 份,拣货员平均每天拣货 10 小时,平均每张订单上品项数为 20 种,每张订单平均有物品 50 件,每件物品平均体积 $0.04m^3$。

[操作与实训任务 18]

请分别计算单位时间处理订单数、单位时间拣取品项数、单位时间处理次数、单位时间拣取体积。

[任务完成的记录 18]

实训场景 3
调度安排

知识点：

（1）配送不合理的具体表现：库存决策不合理、配送与直达的决策不合理、运输线路和运输方式的不合理、经营观念的不合理。由于客户的需求具有多样性，而且大多呈现大批量小批次特点，加之客户的地理位置相对分散，这就要求决策者对运输线路做出科学、合理的规划，完善车辆装载和配载技术，提高车辆的满载率，同时尽量减少迂回运输、逆向运输和空驶。如果运输线路规划不科学、装载和配载不合理，就会大大提高运费成本。

（2）节约法的基本思想：如图 2-2 所示，设 P_0 为配送中心，分别向客户 P_i 和 P_j 送货。P_0 到 P_i 和 P_j 的距离分别为 d_{0i} 和 d_{0j}，两个客户 P_i 和 P_j 之间的距离为 d_{ij}。送货方案只有两种，即配送中心 P_0 向客户 P_i、P_j 分别送货 [见图 2-2（a）] 和配送中心 P_0 向客户 P_i、P_j 同时送货 [见图 2-2（b）]。

比较两种配送方案：方案 a 的配送路线为 $P_0 \to P_i \to P_0 \to P_j \to P_0$，配送距离为 $d_a = 2d_{0i} + 2d_{0j}$；方案 b 的配送路线为 $P_0 \to P_i \to P_j \to P_0$，配送距离为 $d_b = d_{0i} + d_{0j} + d_{ij}$；显然，$d_a$ 不等于 d_b，我们用 s_{ij} 表示里程节约量，即方案 a 比方案 b 节约的配送里程：$s_{ij} = d_{oi} + d_{oj} - d_{ij}$。

根据节约法的基本思想，如果一个配送中心 P_0 分别向 n 个客户 p_j（$j=1, 2, \cdots, n$）配送物品，在汽车载重能力允许的前提下，每辆汽车的配送线路上经过的客户个数越多，里程节约量越大，配送线路越合理。

图 2-2　送货方案

（3）配送中心使商流和物流分离，物流线路缩短，减少了运输次数，提高了车辆装卸利用效率，能保证客户最佳的订货量；同时，共同配送有利于降低运输费用；再者，配送中心可以选择最佳的运输手段和工具。

关键技能点：掌握配送的调度安排，计算与掌握配送方案的优化。

工作任务：调度安排。

[背景材料 1]

某大型配送中心每日需要运送大米 400t、食用油 580t 和不定量的面粉。该中心有大型车 20 辆、中型车 20 辆、小型车 30 辆。假设各种车辆的运营成本是相同的，各种车辆每天只运送一种物品，运输定额如表 2-26 所示。

表 2-26　运输定额

单位：t

车型	大米	食用油	面粉
大型车	17	20	14
中型车	15	18	12
小型车	13	16	10

[操作与实训任务 1]

如何合理安排车辆使运送的载重量达到最大？

[任务完成的记录 1]

[背景材料 2]

某大型配送中心负责两港口城市的转拨业务，其航线一端点港仓库年物品发运量达 18 万 t，另一端点港仓库年物品发运量为 16 万 t，船舶的载重量为 2 万 t，船舶载重利用率平均为 0.90，船舶往返航次时间为 88 天。

[操作与实训任务 2]

该航线需配置同类型的船舶数为多少？该航线发船间隔应为多少？

[任务完成的记录 2]

[背景材料 3]

傅先生负责监督良品铺子的产品配送，从工厂仓库运到其两个配送中心。工厂仓库目前有企业最流行的产品——洽洽瓜子 42 000 单位。傅先生在仓库里保留 7 000 单位的产品作为缓冲。E 配送中心有 12 500 单位，日需求量为 2 500 单位。F 配送中心有存货 6 000 单位，日需求量为 2 000 单位。

[操作与实训任务 3]

（1）确定洽洽瓜子在每一个配送中心的共同供给天数。

（2）依据上述信息和问题（1）的答案，用公平份额分配逻辑来确定各配送中心分配到的洽洽瓜子的数量。

[任务完成的记录 3]

[背景材料4]

某一配送中心 P_0 向 10 个客户 P_j（$j=1, 2, \cdots, 10$）配送物品，其配送网络如图 2-3 所示。图中括号内的数字表示客户的需求量（单位：t），线路上的数字表示两节点之间的距离。配送中心有 2t 和 4t 两种车辆可供使用。

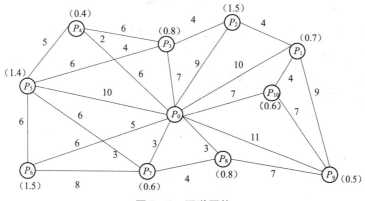

图 2-3 配送网络

[操作与实训任务4]

制定最优的配送方案。

[任务完成的记录4]

[背景材料5]

某配送中心需要为某企业配送水泥和玻璃两种物品，水泥单位重量的体积为 $0.9m^3/t$，玻璃单位重量的体积为 $1.6m^3/t$，车辆额定载货容积为 $15m^3$，额定载重量为 11t。

[操作与实训任务5]

为使车辆的载重量和载货容积都能得到充分利用，这两种物品应分别装多少？

[任务完成的记录5]

[背景材料6]

某配送中心 P 向 A_1、A_2、A_3 三个客户点配送物品，相互之间的运输距离如图 2-4 所示，物品总量不超过车辆的额定重量，其最佳的巡回送货路线是（   ）。

图 2-4 配送网络

A. PA₂A₃A₁P   B. PA₃A₂A₁P   C. PA₂A₁A₃P   D. PA₁A₂A₃P

[操作与实训任务 6]

运用节约法选择配送线路——最短路径问题。

[任务完成的记录 6]

[背景材料 7]

配送中心 S 向 T 配送物品，图 2-5 中的 6 个点是可能途经的客户点，各点之间的距离公里数如图所示，运价 50 元/t，请确定最优配送方案，并计算运费。

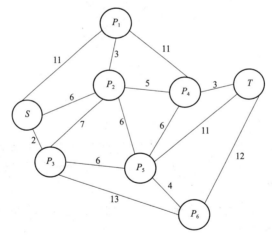

图 2-5 配送网络

[操作与实训任务 7]

单车单点配送的线路优化。

[任务完成的记录 7]

[背景材料8]

配送中心A要向B、C、D、E、F、G六个超市门店配送物品,各点之间的距离公里数和每个门店的配送物品重量如图2-6所示,配送车辆的载重量有2.5t、4t两种,请确定最优配送方案。

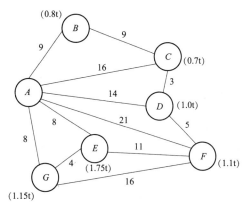

图2-6 配送网络

[操作与实训任务8]

多车多点配送的线路优化。

[任务完成的记录8]

[背景材料9]

已知配送中心P_0向5个用户P_1、P_2、P_3、P_4、P_5配送物品,配送中心与客户的距离以及客户之间的距离如图2-7所示,图中括号内的数字表示客户的需求量(单位:t),线路上的数字表示两节点之间的距离,配送中心有3台2t卡车和2台4t卡车可供使用。

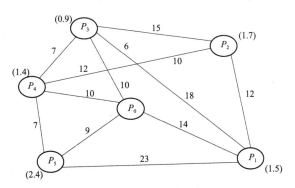

图2-7 配送网络

[操作与实训任务 9]

（1）试利用节约里程法制定最优的配送方案。

（2）设卡车行驶的平均速度为 40 km/h，试比较优化后的方案比单独向各客户分送可节约多少时间。

[任务完成的记录 9]

[背景材料 10]

某仓库每天到货托盘 500 盘，使用叉车将其放入相应库位，每放置一个托盘的工作周期为 3 min，每辆叉车每天可用时间为 10 h。

[操作与实训任务 10]

请计算需要几辆叉车前来工作。

[任务完成的记录 10]

[背景材料 11]

叉车的工作周期包括行驶时间、固定时间、堆垛时间、其他时间。某叉车每天进行作业时，卸货点与仓库距离为 488 m，叉车的行驶速度为 122 m/min，叉车提升和下降的速度为 20 m/s，平均堆垛高度为 5 m，固定时间为 40 s，其他时间不考虑。

[操作与实训任务 11]

请计算该叉车的工作周期是多少秒。

[任务完成的记录 11]

实训场景 4

配送中心选址

知识点：

（1）配送中心选址的原则。不同的物流系统对配送中心的选址要求不同，但总体来说配送中心的选址应遵从以下原则：充分考虑服务对象的分布、经济发展中心地区或城市、各种交通方式重叠和交会地区、物流资源较优地区、土地开发资源较好地区、有利于整个物流网络的优化、有利于各类节点的合理分工和协调配合、地区管理及人才资源较好地区。

（2）影响配送中心选址的外部因素包括：

①土地的可得性和成本。由于一般配送中心规划占地面积都较大，所以在选址时必须考虑能否在备选区域得到足够面积的土地，同时由于土地的稀缺性，所以地价的高低将直接影响物流中心的选址以及网点布局，这些都是选址时必须注意的。

②交通的便利性。运输成本在配送中心运营成本中的比例很高，所以在配送中心选址时，必须考虑对外运输渠道的便利性，以及未来交通与邻近地区的发展状况等因素。

③政治及经济因素。在选址时应综合考虑那些政治稳定、政策优惠、税收合理的国家或地区。

④劳动力因素。配送中心属于劳动密集型作业，所以存在对一定量劳动力资源的依赖；同时，随着机械化、信息化水平的提高，对劳动力素质的要求也提高了。所以在选址时，还必须考虑劳动力资源的来源、技术水平、工作习惯、工资水平等因素。

⑤物品供应和需求等市场因素。原材料与物品的来源、数量、用户对象的分布、需求层次和需求量等因素，也会影响配送中心的选址。

（3）影响配送中心选址的内部因素往往是配送中心选址决策考虑的主要因素。配送中心的选址决策首先要与企业的发展战略相适应；其次，配送中心的选址和数量受到企业的产品特点、销售区域、营销策略等因素的影响。

（4）配送中心选址的方法包括专家选择法、分析法、启发式方法、仿真方法、综合因素法等。

（5）重心法的计算原理。重心法包括基于需求量的重心法和基于吨距离的重心法等两种方法。

①基于需求量的重心法：把需求量作为考察因素，它的主要步骤是首先将一个经济区域内的各需求点在坐标系中表示，并将各需求点看成一个物理系统，然后将各需求点的需求量视为物体的质量，最后通过求该物理系统的重心来确定配送中心的最佳坐落点。

②基于吨距离的重心法：因是单一设施选址，配送中心的建设以及运营成本均可以视为固定不变，而运输费用随距离和货运量而变化，所以可以考虑在不同地点设置的配送中心，因距各客户距离变化和需求量而引起运输费用的变化，找出使运输总费用最小的点，并将其作为最佳选址点。

关键技能点：掌握配送中心的正确选址。

工作任务：配送中心选址。

[背景材料1]

某物流园区，每年需要从 P_1 地运来水果，从 P_2 地运来蔬菜，从 P_3 地运来乳制品，从 P_4 地运来日用百货，各地与某城市中心的距离和年运输量如表2-27所示。

表2-27 各地与某城市中心的距离和年运输量

项目	P_1		P_2		P_3		P_4	
坐标	X_1	Y_1	X_2	Y_2	X_3	Y_3	X_4	Y_4
	30	30	80	70	70	30	30	60
年运输量/t	2 200		1 800		1 500		2 500	

[操作与实训任务1]

根据表中数据，使用重心法确定配送中心选址。

[任务完成的记录1]

[背景材料2]

某物流公司拟建一个配送中心，确定了三个备选场址。由于各场址的土地费用、建设费用等不尽相同，从而成本也不相同，三个不同场址的成本如表2-28所示。

表2-28 三个不同场址的成本

成本	A	B	C
固定费用/（元·月$^{-1}$）	7 800	15 000	33 000
可变费用/（元·月$^{-1}$）	60	36	18

[操作与实训任务2]

请进行最佳场址的确定。

[任务完成的记录2]

[背景材料3]

现有5个工厂，坐标分别为 P_1（1，2），P_2（7，4），P_3（3，1），P_4（5，5），

P_5(2,6),现在要建立一个中心仓库为5个工厂服务。工厂到中心仓库的运输由载货汽车完成,运量按车次计算,分别为每天3、5、2、1、6次。

[操作与实训任务3]

求中心仓库位置。

[任务完成的记录3]

[背景材料4]

黄家湖物流有限公司服务于经济技术开发区的众多企业,现拟对四个VIP客户开设一个新的配送中心,四个VIP客户近三年业务量比较稳定,他们的年均业务量和地理位置坐标如表2-29所示。

表2-29 四个VIP客户的年均业务量和地理位置坐标

项目	A	B	C	D
年均业务量/t	1 800	1 400	1 500	700
地理位置坐标	(40, 50)	(70, 70)	(15, 18)	(68, 32)

[操作与实训任务4]

请用重心法确定新的配送中心设置的理想位置。

[任务完成的记录4]

[背景材料5]

某企业在全国有5个厂区,厂区地理位置坐标和运量如表2-30所示。企业准备建立中央配送中心,请用重心法确定中央配送中心位置。

表2-30 厂区地理位置坐标和运量

项目	P_1	P_2	P_3	P_4	P_5
X	325	400	450	350	25
Y	75	150	350	400	450
运量/t	1 500	250	450	350	450

[操作与实训任务5]

(1) 中心仓库的位置选在哪里?

(2) 用重心法应满足哪些条件?

(3) 配送中心选址应考虑的主要问题有哪些？

[任务完成的记录5]

[背景材料6]

某物流公司拟建一配送中心，负责向四个工厂进行物料供应配送，各工厂的地理位置坐标与年物料配送量见表2-31，设物流公司拟建的配送中心对各工厂的单位运输成本相等。

表2-31 各工厂的地理位置坐标与年物料配送量

项目	P_1		P_2		P_3		P_4	
坐标	X_1	Y_1	X_2	Y_2	X_3	Y_3	X_4	Y_4
	20	70	60	60	20	20	50	20
年物料配送量/t	2 000		1 200		1 000		2 500	

[操作与实训任务6]

(1) 请利用重心法确定物流公司拟建的配送中心位置。

(2) 由于考虑其他因素的影响，利用重心法求出的配送中心位置坐标有时在现实工作中难以实现，试述影响配送中心选址的主要因素。

[任务完成的记录6]

[背景材料7]

某公司有三种不同仓库建设方案，由于各场所有不同的征地费、建筑费，工资、原材料等成本费用也都不同，从而有不同仓储成本。三种建设方案的仓储成本如表2-32所示。

表2-32 三种建设方案的仓储成本

项目	A	B	C
固定费用/元	600 000	1 200 000	1 800 000
单位可变费用/（元·件$^{-1}$）	40	20	10

[操作与实训任务7]

试确定不同物流规模下最佳的选址。

[任务完成的记录7]

实训场景 5
货位的准备、库房空间利用最大化、超重物品垫垛

知识点：

1. 平置库货位的准备

(1) 确定物品所需货位面积必须考虑的因素有：仓库的可用高度，仓库地面荷载，物品包装物所允许的堆码层数以及物品包装物的长、宽、高。

(2) 计算占地面积的公式如下：

①单位包装物面积 = 长 × 宽；

②单位面积重量 = 单位商品毛重 ÷ 单位面积；

③可堆层数：

A. 从净高考虑：层数 a = 库高 ÷ 箱高；

B. 从地坪载荷考虑：层数 b = 地坪单位面积最高载荷量 ÷ 单位面积重量；

C. 可堆层数 = min｛层数 a，层数 b｝；

④占地面积 =（总件数 ÷ 可堆层数）× 单位包装物面积。

2. 货架库货位的准备

(1) 计划入库物品如果上架储存，在明确储存位置和所需货位数量的同时还要准备好相应数量的托盘。

(2) 货架库货位优化。决定计划入库物品的储存位置的关键因素是物动量分类的结果，高物动量物品应该选择首层货位，中物动量物品应该选择中间层货位，低物动量物品则应该选择上层货位，如图 2-8 所示。

低物动量区
中物动量区
高物动量区

图 2-8 货架储存与货位优化示意图

(3) 货架库货位及托盘数量准备。为保证计划入库物品能够顺利入库，仓库管理人员应在入库前准备出足够的货位和上架所需的托盘。在计算所需货位及托盘数量时应考虑的因素包括：

①计划入库的物品种类及包装规格；

②货架货位的设计规格；

③所需托盘规格；

④叉车作业要求；

⑤作业人员的熟练程度与技巧。

这里注意：货架库入位与平置库入位不同之处还包括货位净高的要求，以及叉车作业

空间的预留，一般预留空间≥90 mm。

3. 库房空间利用最大化

(1) 熟悉物品入库准备工作。仓库应根据仓储合同或者入库单、入库计划，及时地进行库场准备，以便物品能按时入库，保证入库过程顺利进行。仓库的入库准备需要由仓库的业务部门、仓库管理部门、设备作业部门分工合作，共同做好以下工作：熟悉入库物品、掌握仓库库场情况、制订仓储计划、妥善安排货位、做好货位准备、准备苫垫材料与作业用具、验收准备、装卸搬运工艺设定、单证准备。

(2) 掌握进货流程的合理安排，综合考虑如下方面：进货作业系统设计原则、进货作业时考虑的因素、货位确定的原则、选择货位的原则。

4. 超重物品垫垛

垫垛是指在物品码垛前，在预定的货位地面位置，使用衬垫材料进行铺垫。垫垛的目的：使地面平整；使堆垛物品与地面隔开，防止地面潮气和积水浸湿物品；通过强度较大的衬垫物使重物的压力分散，避免损害地坪；使地面杂物、尘土与物品隔开；形成垛底通风层，有利于货垛通风排湿；使物品的泄漏物留存在衬垫之内，防止流动扩散，以便于收集和处理。

关键技能点：合理准备平置库的货位，合理准备货架库货位，库房空间资源价值利用最大化，掌握超重物品垫垛的确定。

工作任务：货位的相关计算。

[背景材料1]

某仓库建筑面积为 10 000 m²，地坪载荷为 2000 kg/m²，库高 4.8 m。现该库收到入库通知单，如表 2-33 所示。

表 2-33 入库通知单

入库时间：　　年　　月　　日　　时

入库编号	品名	包装规格/mm	包装材料	单体毛重/kg	包装标志限高/层	入库总量/箱	备注
00011226	五金工具	400×250×320	杨木	48	5	2 400	

[操作与实训任务1]

(1) 如果该批物品入库后码垛堆存，至少需要多大面积的储位？

(2) 如果仓库可用宽度上限仅为 5m，计算出计划堆成重叠堆码的平台货垛的垛长、垛宽及垛高各为多少箱。

[任务完成的记录1]

[**背景材料**2]

幸福树电器委托其物流服务供应商龙潭仓储有限公司,拟租赁一个净高5.2 m的仓库,其单位面积的地坪承载定额是1.8 t/m²。该仓库有两个货区:第一个货区计划储存电视机,电视机60 kg/台,规格为0.6×0.6×0.8(m),货区有效占用面积为200 m²;另一个货区计划储存冰箱,冰箱100 kg/台,规格为0.4×0.5×1.2(m),货区有效占用面积为250 m²。

[**操作与实训任务**2]

计算该仓库的储存能力(重量、储存这两种物品的数量)。

[**任务完成的记录**2]

[**背景材料**3]

威盛物流公司收到一份入库通知单,计划入库物品为吉欧蒂亚干红葡萄酒,包装规格为460×260×252(mm),堆码层限为6层,共536箱。该公司的托盘式货架和托盘信息如下所示:

货架规格信息:2列3排4层;

货位参考尺寸:L2 300×W900×H1 350(mm);

双货位(标准货位):其中横梁的高度为120 mm、顶部预留作业空间90 mm。

托盘尺寸规格信息:L1 200×W1 000×H160(mm)。

[**操作与实训任务**3]

(1)画出奇、偶层的托盘码放示意图。

(2)确定码放层数。

(3)货位数量及所需托盘数量的计算。

[**任务完成的记录**3]

[**背景材料**4]

龙潭物流公司仓库进8 000箱力波啤酒,包装体积长0.3 m、宽0.3 m、高0.4 m,毛重12 kg,净重10 kg,用托盘堆码,托盘规格为1.04×1.04(m)(托盘重量不计),库房地坪单位面积载荷为1t,包装的承压能力为50 kg,可用高度为3 m。

[操作与实训任务4]

该批物品的储存至少需要多少面积?进行仓储区规模计算时需要考虑哪些因素?托盘叠加堆放时储存区空间如何计算?

[任务完成的记录4]

[背景材料5]

某一平面库房墙内长38 m,宽18 m,走道宽3.5 m,两条支道宽度均为1.5 m,外墙距为0.5 m,内墙距为0.3 m。假设库内无柱子、间壁墙、扶梯、固定设备等。

[操作与实训任务5]

(1) 请计算库房使用面积、库房有效面积和库房面积利用率。

(2) 请画出库房的俯视图。

[任务完成的记录5]

[背景材料6]

今有A、B、C、D、E、F、G、H、I八种商品,其本月的入出库次数如表2-34所示,某仓库货位布置如图2-9所示。

表2-34　商品入出库次数表

序号	商品品种	本月入库次数	本月出库次数
1	A	52	32
2	B	8	6
3	C	20	60
4	D	25	12
5	E	60	15
6	F	10	25
7	G	5	7
8	H	15	35

图 2-9 仓库货位布置

[操作与实训任务 6]

请合理安排这八种商品在这段时间的货位。

[任务完成的记录 6]

[背景材料 7]

某电力公司欲租赁龙潭仓储有限公司的货场存放一台自重 30 t 的设备,该设备的底部配有两条钢轨 [2×0.2×0.15 (m)],该货场的地坪承载为 3 t/m²。

[操作与实训任务 7]

是否需要进行垫垛?如果需要垫垛,如何采用自重 0.5 t 的钢板 [2×1.5×0.02 (m)] 垫垛?

[任务完成的记录 7]

[背景材料 8]

江西南昌经济开发区的龙潭物流中心有仓库若干。其中一仓库内墙长 42 m,宽 21 m,高 4.1 m,沿着宽方向的走道宽 2.6 m,沿着长方向的走道宽 1.8 m,走道在中间;库房长方向墙距 1 m,库房宽方向墙距 0.8 m,库内无柱子,无间壁墙,无扶梯及其固定设施。

现在该第三方物流公司项目开发组联系了小天鹅南昌公司,拟用该仓库储存一批洗衣机。已知小天鹅洗衣机包装长 0.8 m,宽 0.6 m,高 1m,毛重 5 t/100 台,包装承压能力为 220g。对方来仓库现场查看,无漏水、渗水的迹象,仓库设施成色较新,进出大门口靠近开发区的主通道,较为满意,对方问:"我们要求立着堆放,该仓库最多能储存多少台洗衣机?"因为对方已将储存在其他物流中心的 3 600 台洗衣机移库到该处,同时明晚有 2 辆满载洗衣机的斯堪尼亚大货车到南昌,问是否可一起安排入仓库。

经查实该货车的内容积参数符合国际标准,即长12 m,宽2.45 m,高4 m。

客户走后,领导看到你,说:"你是学物流的,你拿一个方案,明早我们一起去向客户答复。"同时说:"这是一笔大单,看你的了!"

你怎么办?

[操作与实训任务8]

(1) 该仓库最多能储存多少台洗衣机?

(2) 请画出库房的俯视图。

(3) 明晚2辆满载洗衣机的斯堪尼亚大货车到南昌,是否可一起安排入仓库?

[任务完成的记录8]

实训场景 6
对订单进行 EIQ 分析

知识点：

EIQ 分析法（订单品项数量分析）是针对以市场需求导向为主，且具不稳定或波动条件的配送中心作业系统的一种分析方法。通过 EIQ 分析，了解物流特性。配送中心物流系统，利用 EIQ 加以分析之后，可归纳出订单内容、订货特性、接单特性等。

关键技能点：掌握对若干订单进行 EIQ 分析。

工作任务：对订单进行 EIQ 分析。

[背景材料]

PFLITSCH 公司为德国最大螺栓生产厂家，目前有 8 种产品（I1～I8），客户向 PFLITSCH 公司下了 8 张订单（E1～E8），各订单所订品种及数量如表 2-35 所示。

表 2-35 客户订单

数量：t

客户订单	订物品项							
	I1	I2	I3	I4	I5	I6	I7	I8
E1	2	5	0	0	0	2	0	0
E2	0	0	0	5	9	4	0	0
E3	0	0	4	3	0	1	5	0
E4	1	2	0	0	2	0	0	5
E5	0	0	2	0	4	0	2	0
E6	0	2	6	0	0	6	0	3
E7	4	1	4	2	3	0	0	0
E8	0	7	0	5	0	0	3	1

[操作与实训任务]

（1）请根据上表，编制 EIQ 统计汇总表。

（2）请对 IQ 单独进行排序，并编制 IQ 分析表。

（3）利用 IQ 分析进行 ABC 分类（分类原则为 5∶3∶2），并针对 ABC 三类产品的出货特性说明如何进行库区规划。

[任务完成的记录]

实训场景 7

货物组托

知识点：
（1）车辆装载合理化就是在既定的车辆形式和载重量下，使物品装载的综合利用率最高。综合利用率不是指单纯的物品重量，也不是指单纯的物品体积，而是两者的综合结果。从车辆成本组成中我们很容易发现，车辆的成本与车辆的额定载重量有直接的关系，当车辆形式和吨位选定之后，运输成本基本和行驶距离按比例变化，而与车辆装载量关系不大。所以车辆装载率越高，单位物品的运输成本越低。

（2）使车辆装载合理化一般采用以下方法：数学计算法、计算机系统优化法、经验法。

（3）配送中心人员库管员岗位职责要负责库存商品的码放工作。

（4）配送中心管理员的工作制度要求：库存物品按类别分区码放，标志货区，便于物品查找，提高工作效率。

关键技能点：托盘的面积合理化利用、货架的容积利用率最大化。

工作任务：托盘的相关计算。

[背景材料 1]

货架内可以放 2 个托盘，货架内货位的规格是 2 300×900×1 350（mm），托盘规格是 1 200×1 000×160（mm）。现有包装箱尺寸如下的物品若干箱，要组成托盘并上货架。纸箱尺寸（长×宽×高）：500×400×220（mm）；400×240×200（mm）；400×240×220（mm）；600×300×200（mm）；450×300×125（mm）；600×400×220（mm）。

[操作与实训任务 1]

（1）每种规格的物品如何组托？请画出奇数层的俯视图与偶数层的俯视图。

（2）货架内最多可以分别放每种规格的物品多少箱？

[任务完成的记录 1]

[背景材料2]

某配送中心所订的货已到1号仓库,并已经过验收,现在需要进行入库作业,其物品品种、规格、数量如表2-36所示。

表2-36 入库任务单

入库任务单编号:R10062301　　　　　　　　　　　　　　　　计划入库时间:到货当日

序号	商品名称	包装规格(长×宽×高)/mm	入库数量/箱
1	休闲黑瓜子	595×395×375	10
2	小师傅方便面	595×325×330	18
3	大王牌大豆酶解蛋白粉	495×395×320	36
4	蜂圣牌蜂皇浆冻干粉片	395×295×275	30
5	诚诚油炸花生仁	395×245×265	24
6	利鑫达板栗	330×235×240	60
7	金多多婴儿营养米粉	295×245×240	32
8	吉欧蒂亚干红葡萄酒	460×260×230	18
9	好娃娃薯片	455×245×200	50

货架规格:3排2列4层;

货位参考尺寸:2 300×900×1 230(mm),双货位(标准货位);

托盘尺寸:1 200×1 000×160(mm);存放物品顶距不得小于150 mm。

[操作与实训任务2]

画出托盘码放示意图,并且要遵循如下规定并至少包含下列信息:

(1)画出托盘码放的奇数层俯视图和偶数层俯视图。

(2)在图上标出托盘的长、宽尺寸(以mm为单位)。

(3)用文字说明入库＿＿＿箱,＿＿＿＿箱/层,堆码后的层数是＿＿＿层,共＿＿＿箱/托,用文字说明此类商品所需托盘的个数。

[任务完成的记录2]

实训场景 8
标准成本控制法

知识点：

（1）配送各环节标准成本可按直接材料、直接人工、制造费用等项目制定，用"标准消耗量×标准价格"的公式来确定，即从数量和价格两个角度来分析"量差"和"价差"。其中直接人工的标准成本的计算公式如下：

配送某环节直接人工标准成本 = 直接人工标准数量 × 直接人工标准价格

（2）直接人工差异分析分为直接人工效率差异和直接人工工资率差异分析，公式如下：

直接人工效率差异 =（实际工时 – 标准工时）× 标准工资率

直接人工工资率差异 =（实际工资率 – 标准工资率）× 实际工时

关键技能点：标准成本控制法的运用。

工作任务：标准成本的相关计算。

[背景材料]

某企业为完成一任务，特成立一个项目小组，直接人工标准数量的计划数和实际数分别是 26 人和 35 人，直接人工标准价格的计划数和实际数分别是 50 元和 65 元，工时的标准数和实际数分别是 60 个和 48 个，工资率的标准数和实际数分别是 10 元/工时和 18 元/工时。

[操作与实训任务]

（1）分别计算直接人工标准成本的计划数和实际数、差异数，分析差异产生的原因及影响权重。

（2）计算直接人工效率差异，分析差异产生的原因及影响权重。

（3）计算直接人工工资率差异，分析差异产生的原因及影响权重。

[任务完成的记录]

实训场景 9
设备完好率的计算

知识点：

(1) 配送的绩效如何，需要用绩效评价指标来评价分析。配送绩效考核指标体系是反映企业成果及仓库经营状况各项指标的总和。配送绩效考核指标是由多方面的指标所构成的指标体系，主要包括资源利用程度方面的指标、服务水平方面的指标、能力与质量方面的指标、配送效率方面的指标等。

(2) 资源利用程度方面的指标包括设备完好率等指标。设备完好率的计算公式如下：

$$设备完好率 = 期内设备完好台日数 \div 同期设备总台日数 \times 100\%$$

其中：设备完好率是指处于良好状态、随时能投入使用的设备占全部设备的百分比；期内设备完好台日数是指设备处于良好状态的累计台日数，其中不包括正在修理或待修理设备的台日数。

关键技能点：掌握配送绩效考核指标设备完好率的计算。

工作任务：设备完好率的计算。

[背景材料1]

某企业3月1日有设备20台，其中3台20天修理完成，1台12天修理完成但是等待时间为4天，4台在3月25日报废，2月计划购买的设备3台于3月22日调试完毕，2台于次日可以投入使用，另1台于3月24日开始投入使用。

[操作与实训任务1]

计算该企业3月份的设备完好率。

[任务完成的记录1]

[背景材料2]

某企业3月1日有设备20台，其中3台20天修理完成，1台15天修理完成但是等待时间为6天，4台在3月21日报废，2月计划购买的3台设备于3月21日调试完毕，其中2台于次日可以投入使用，另一台于3月27日开始投入使用。

[操作与实训任务2]

计算该企业3月份的设备完好率。

[任务完成的记录2]

实训场景 10
物动量 ABC 分类

知识点：
(1) 根据入库计划，在物品到达前将储存的位置予以确定。
(2) 确定物品储存的位置主要考虑平置库平面布局、物品在库时间、物品物动量高低等关键因素。高物动量的物品，在库时间一般较短，所以高物动量的物品应放置离通道或库门较近的地方。

关键技能点：物动量 ABC 分类，为确定物品储存位置做准备。

工作任务：物动量 ABC 分类

[背景材料1]

某配送中心库存周转量统计（2019年1月1日至4月14日）如表 2-37 所示。

表 2-37 库存周转量统计

序号	商品名称	编号	周转量/箱
1	饮料	D001	250
2	方便面	F001	200
3	葡萄酒	D002	10
4	巧克力	F002	1 000
5	色拉油	F003	160
6	洗发水	W001	100
7	沐浴露	W002	5
8	花露水	W003	80
9	香皂	W004	50
10	漱口水	W005	20

[操作与实训任务1]

制作物动量 ABC 分类表，且能够体现出分类表逻辑过程和分类情况。物动量 ABC 分类计算过程保留 2 位小数。

[任务完成的记录1]

[背景材料2]

苏宁电器的仓库里存放着9种产品,其产品型号、年销量和单价如表2-38所示。为了提高仓库的管理水平,该仓库的领导决定对在库产品进行ABC分类。根据商定的存货政策,占总销售额70%的品种为A类产品,占总销售额20%的品种为B类产品,占总销售额10%的品种为C类产品。

表2-38 库存统计

序号	产品型号	年销量/万台	单价/元
001	P-1	10	800
002	P-2	40	1 000
003	P-3	32	2 000
004	P-4	55	3 000
005	P-5	12	3 500
006	P-6	35	5 000
007	P-7	45	10 000
008	P-8	38	20 000
009	P-9	28	18 000

[操作与实训任务2]

(1) 请用排列图法按照年销售额的大小对在库产品进行ABC分类。

(2) 对产品进行ABC分类对物流管理工作有何意义?

(3) 产品的ABC分类是否永久不变?为什么?

[任务完成的记录2]

[背景材料3]

深圳市创富盛电子科技有限公司库存的集成电路、电容器、连接器等商品共计3 424种,按每种商品年销售额从高到低顺序排成表2-39中的7个档次,并统计出每档次的品种数和销售金额。

表2-39 库存统计

每种商品年销售额 Q/万元	品种	销售金额/万元
$Q > 6$	260	5 800
$5 < Q \leq 6$	68	500
$4 < Q \leq 5$	55	250
$3 < Q \leq 4$	95	340
$2 < Q \leq 3$	170	420
$1 < Q \leq 2$	352	410
$Q \leq 1$	2 424	670

[操作与实训任务3]
试用ABC分类法给库存物品分类,并做出A类库存物品的管理方法。
[任务完成的记录3]

[背景材料4]

某企业有10种商品的库存,有关资料如表2-40所示。为了对这些库存商品进行有效的控制和管理,该企业打算根据商品的投资大小进行分类。

表2-40 库存统计

商品编号	单价/元	库存量/件
a	4.00	300
b	8.00	1 200
c	1.00	290
d	2.00	140
e	1.00	270
f	2.00	150

续表

商品编号	单价/元	库存量/件
g	6.00	40
h	2.00	700
i	5.00	50
j	3.00	2 000

[操作与实训任务4]

（1）请运用ABC分类法将这些商品分为A、B、C三类。

（2）画出ABC分类管理图。

（3）给出A类库存物资的管理方法。

[任务完成的记录4]

模块三
经理岗位管理提升篇

实训场景 1
仓储与配送作业方案设计校际选拔赛训练题

[背景材料]

一、案例背景

A 物流公司是天津市一家知名第三方物流公司。A 物流公司不但提供仓储、运输服务，同时也为 M 公司提供仓储分销服务，A 物流公司向 M 公司本地工厂订货时均为送货上门，向外地工厂订货时为工厂送货上门。

（一）客户信息

1. 客户一：达兴公司（见表3-1）

表3-1 达兴公司

客户编号	201506250201							
公司名称	达兴公司			助记码		DX		
法人代表	田甜	家庭地址	天津市南开区密云路新南马路3栋		联系方式	022-24007509		
证件类型	营业执照	证件编号	120106790912880		营销区域	天津市		
公司地址	天津市东丽区		邮编	300313	联系人	吴国福		
办公电话	022-24412090		家庭电话	022-24860031		传真号码	022-24564399	
电子邮箱	WGF@126.com		QQ账号	3753885316		MSN账号	WU@msn.com	
开户银行	平安银行			银行账号		6220998066752001		
公司性质	民营	所属行业	零售业	注册资金	200万元	经营范围	食品、百货	
信用额度	50万元	忠诚度	一般	满意度	一般	应收账款	47.9万元	
客户类型	一般型			客户级别		C		

2. 客户二：乐草堂连锁集团（见表3-2）

表3-2 乐草堂连锁集团

客户编号	201506250202					
公司名称	乐草堂连锁集团			助记码		LCT
法人代表	徐乐	家庭地址	天津市宾水道宾泰公寓a座701 河西区		联系方式	022-26440969
证件类型	营业执照	证件编号	120104810415906		营销区域	天津市

续表

客户编号	201506250202						
公司地址	天津市河西区		邮编	300202	联系人	贾明明
办公电话	022-24209935	家庭电话	022-24375098		传真号码	022-24229840
电子邮箱	jiamm@126.com	QQ账号	1209665		MSN账号	MING@msn.com
开户银行	广发银行		银行账号		6200876055671223	
公司性质	民营	所属行业	零售业	注册资金	1 200 万元	经营范围	食品、百货
信用额度	100 万元	忠诚度	较高	满意度	较高	应收账款	99.7 万元
客户类型	一般性（待发展为重点型）			客户级别	B		

3. 客户三：星美公司（见表3-3）

表3-3 星美公司

客户编号	201506250203						
公司名称	美华星美公司				助记码	XM	
法人代表	刘金逸	家庭地址	天津市河东区津塘公路与十五经路交口			联系方式	022-28200946
证件类型	营业执照	证件编号	120102540706430			营销区域	天津市
公司地址	天津市河东区		邮编	300171		联系人	宋海鹏
办公电话	022-28300998	家庭电话	022-28766009			传真号码	022-28332176
电子邮箱	SHP@126.com	QQ账号	1890334			MSN账号	SHP@msn.com
开户银行	平安银行		银行账号		6309007644533321		
公司性质	民营	所属行业	零售业	注册资金	1 500 万元	经营范围	食品、百货
信用额度	180 万元	忠诚度	高	满意度	较高	应收账款	179.5 万元
客户类型	重点型			客户级别	A		

4. 客户四：华丰公司（见表3-4）

表3-4 华丰公司

客户编号	201506250204						
公司名称	华丰公司				助记码	HF	
法人代表	田雪梅	家庭地址	天津市河西区郁江道21号			联系方式	022-26844530
证件类型	营业执照	证件编号	120104950417643			营销区域	天津市
公司地址	天津市河西区		邮编	300202		联系人	李成玲
办公电话	022-24550921	家庭电话	022-24009845			传真号码	022-24300921
电子邮箱	licl@126.com	QQ账号	200980123			MSN账号	LCL@msn.com

续表

客户编号	201506250204						
开户银行	华夏银行			银行账号		6007880944531336	
公司性质	民营	所属行业	零售业	注册资金	210万元	经营范围	食品、百货、办公用品、服装鞋帽
信用额度	50万元	忠诚度	一般	满意度	低	应收账款	49.6万元
客户类型	一般型（将淘汰至C级）			客户级别		B	

5. 客户五：桃源集团（见表3-5）

表3-5 桃源集团

客户编号	201506250205						
公司名称	桃源集团			助记码		TY	
法人代表	陶宁		家庭地址	天津市南开区福安大街		联系方式	022-26770984
证件类型	营业执照		证件编号	120106750476402		营销区域	天津市
公司地址	天津市南开区			邮编	300100	联系人	石慧
办公电话	022-26998053		家庭电话	022-26550987		传真号码	022-265233145
电子邮箱	SH@126.com		QQ账号	1500987023		MSN账号	shihui@msn.com
开户银行	招商银行			银行账号		6540981233219076	
公司性质	民营	所属行业	零售业	注册资金	2 000万元	经营范围	食品、百货、办公用品、服装鞋帽
信用额度	240万元	忠诚度	高	满意度	高	应收账款	239.6万元
客户类型	伙伴型			客户级别		A	

6. 客户六：美华公司（见表3-6）

表3-6 美华公司

客户编号	2015062506						
公司名称	美华公司			助记码		MH	
法人代表	陈昊		家庭地址	天津市南开区白堤路70号		联系方式	022-26009876
证件类型	营业执照		证件编号	120106781211002		营销区域	天津市
公司地址	天津市津南区			邮编	300112	联系人	刘明
办公电话	022-28760765		家庭电话	022-28703565		传真号码	022-28878865
电子邮箱	chenh@126.com		QQ账号	2008760		MSN账号	chen@msn.com

续表

客户编号	2015062506				
开户银行	江苏银行		银行账号	3509609854374202	
公司性质	民营	所属行业	零售业	注册资金	600万元	经营范围	食品、百货
信用额度	20万元	忠诚度	一般	满意度	低	应收账款	19.8万元
客户类型	普通型		客户级别	C	

7. 客户七：乐天集团（见表3-7）

表3-7 乐天集团

客户编号	2015062507				
公司名称	乐天集团		助记码	LT	
法人代表	王恒	家庭地址	天津市红桥区西站西500米	联系方式	022-24279087
证件类型	营业执照	证件编号	120106721015013	营销区域	天津市
公司地址	天津市红桥区		邮编	300131	联系人	田明亮
办公电话	022-28760765	家庭电话	022-28703565	传真号码	022-28878865
电子邮箱	wangh@126.com	QQ账号	124576320	MSN账号	wangn@msn.com
开户银行	招商银行		银行账号	6540981233219076	
公司性质	民营	所属行业	零售业	注册资金	2 000万元	经营范围	食品、百货、办公用品、服装鞋帽
信用额度	200万元	忠诚度	高	满意度	高	应收账款	199.8万元
客户类型	母公司		客户级别	A	

（二）供应工厂信息

1. 供应商A（见表3-8）

表3-8 供应商A

供应商名称	供应商A	供应商属性	本地供应商
法人代表	蒋韩雪	电话	022-24908807
联系人	李寅	传真	022-24908809
地址	天津市滨海新区	邮箱	lliyin@163.com

2. 供应商 B（见表 3-9）

表 3-9　供应商 B

供应商名称	供应商 B	供应商属性	外地供应商
法人代表	温华晨	电话	027-46700931
联系人	高海源	传真	027-46700902
地址	武汉市武昌区	邮箱	GAOhy@163.com

（三）物动量分析（见表 3-10～表 3-16）

表 3-10　出库作业周报 1（物动量统计）

制表人：方梅　　　　　　　　　　　　　　　　　　　制表时间：2015 年 5 月 25 日

序号	商品编码/条码	商品名称	出库量（箱）
1	6932023905601	怡宝矿泉水	296
2	6932023905602	湿巾	34
3	6932023905603	Kinder 牛奶巧克力	2 394
4	6932023905604	水杯	12
5	6932023905605	洗涤剂	179
6	6932023905606	纯咖啡	156
7	6932023905607	拖鞋	299
8	6932023905608	牙刷	279
9	6932023905609	饼干	5
10	6932023905610	起泡酒	90
11	6932023905620	葡萄干	8
12	6932023905621	圆珠笔	210
13	6932023905622	啤酒	110
14	6932023905623	蛋糕	83
15	6932023905624	毛巾	19
16	6932023905625	干脆面	1
17	6932023905626	爽身粉	13
18	6932023905627	衣架	20
19	6932023905628	Ferre 榛果威化巧克力	19
20	6932023905629	Kinder 牛奶巧克力	868
21	6981013081240	芬达	16
22	6981013081241	电池	89

续表

序号	商品编码/条码	商品名称	出库量（箱）
23	6981013081242	绿茶	153
24	6981013081243	洗发水	19
25	6981013081244	闹钟	12

表3-11 出库作业周报2（物动量统计）

制表人：方梅　　　　　　　　　　　　　　　　　　　制表时间：2015年5月26日

序号	商品编码/条码	商品名称	出库量（箱）
1	6930363000463	怡宝矿泉水	280
2	6932023905602	湿巾	36
3	6932023905603	Kinder牛奶巧克力	2 392
4	6932023905604	水杯	10
5	6932023905605	洗涤剂	187
6	6932023905606	纯咖啡	138
7	6932023905607	拖鞋	315
8	6932023905608	牙刷	228
9	6932023905609	饼干	1
10	6932023905610	起泡酒	109
11	6932023905620	葡萄干	7
12	6932023905621	圆珠笔	231
13	6932023905622	啤酒	109
14	6932023905623	蛋糕	77
15	6932023905624	毛巾	18
16	6932023905625	干脆面	2
17	6932023905626	爽身粉	15
18	6932023905627	衣架	12
19	6932023905628	Ferre榛果威化巧克力	23
20	6932023905629	Kinder牛奶巧克力	800
21	6981013081240	芬达	12
22	6981013081241	电池	70
23	6981013081242	绿茶	170
24	6981013081243	洗发水	15
25	6981013081244	闹钟	5

表 3-12 出库作业周报 3（物动量统计）

制表人：方梅 制表时间：2015 年 5 月 27 日

序号	商品编码/条码	商品名称	出库量（箱）
1	6930363000463	怡宝矿泉水	288
2	6932023905602	湿巾	40
3	6932023905603	Kinder 牛奶巧克力	2 379
4	6932023905604	水杯	9
5	6932023905605	洗涤剂	198
6	6932023905606	纯咖啡	121
7	6932023905607	拖鞋	300
8	6932023905608	牙刷	260
9	6932023905609	饼干	3
10	6932023905610	起泡酒	115
11	6932023905620	葡萄干	4
12	6932023905621	圆珠笔	220
13	6932023905622	啤酒	101
14	6932023905623	蛋糕	67
15	6932023905624	毛巾	21
16	6932023905625	干脆面	6
17	6932023905626	爽身粉	9
18	6932023905627	衣架	19
19	6932023905628	Ferre 榛果威化巧克力	45
20	6932023905629	Kinder 牛奶巧克力	809
21	6981013081240	芬达	10
22	6981013081241	电池	109
23	6981013081242	绿茶	107
24	6981013081243	洗发水	25
25	6981013081244	闹钟	11

表 3-13　出库作业周报 4（物动量统计）

制表人：方梅　　　　　　　　　　　　　　　　　　　　制表时间：2015 年 5 月 28 日

序号	商品编码/条码	商品名称	出库量（箱）
1	6930363000463	怡宝矿泉水	288
2	6932023905602	湿巾	43
3	6932023905603	Kinder 牛奶巧克力	2 388
4	6932023905604	水杯	16
5	6932023905605	洗涤剂	201
6	6932023905606	纯咖啡	119
7	6932023905607	拖鞋	316
8	6932023905608	牙刷	245
9	6932023905609	饼干	2
10	6932023905610	起泡酒	125
11	6932023905620	葡萄干	7
12	6932023905621	圆珠笔	211
13	6932023905622	啤酒	98
14	6932023905623	蛋糕	85
15	6932023905624	毛巾	29
16	6932023905625	干脆面	0
17	6932023905626	爽身粉	17
18	6932023905627	衣架	26
19	6932023905628	Ferre 榛果威化巧克力	33
20	6932023905629	Kinder 牛奶巧克力	852
21	6981013081240	芬达	11
22	6981013081241	电池	119
23	6981013081242	绿茶	121
24	6981013081243	洗发水	30
25	6981013081244	闹钟	10

表 3-14 出库作业周报 5（物动量统计）

制表人：方梅　　　　　　　　　　　　　　　　　　　　制表时间：2015 年 5 月 29 日

序号	商品编码/条码	商品名称	出库量（箱）
1	6930363000463	怡宝矿泉水	311
2	6932023905602	湿巾	41
3	6932023905603	Kinder 牛奶巧克力	2 398
4	6932023905604	水杯	11
5	6932023905605	洗涤剂	179
6	6932023905606	纯咖啡	104
7	6932023905607	拖鞋	309
8	6932023905608	牙刷	270
9	6932023905609	饼干	4
10	6932023905610	起泡酒	103
11	6932023905620	葡萄干	5
12	6932023905621	圆珠笔	209
13	6932023905622	啤酒	131
14	6932023905623	蛋糕	78
15	6932023905624	毛巾	17
16	6932023905625	干脆面	3
17	6932023905626	爽身粉	16
18	6932023905627	衣架	21
19	6932023905628	Ferre 榛果威化巧克力	21
20	6932023905629	Kinder 牛奶巧克力	860
21	6981013081240	芬达	16
22	6981013081241	电池	105
23	6981013081242	绿茶	133
24	6981013081243	洗发水	18
25	6981013081244	闹钟	5

表 3-15 出库作业周报 6（物动量统计）

制表人：方梅　　　　　　　　　　　　　　　　　　　　　制表时间：2015 年 5 月 30 日

序号	商品编码/条码	商品名称	出库量（箱）
1	6930363000463	怡宝矿泉水	280
2	6932023905602	湿巾	35
3	6932023905603	Kinder 牛奶巧克力	2 401
4	6932023905604	水杯	9
5	6932023905605	洗涤剂	166
6	6932023905606	纯咖啡	160
7	6932023905607	拖鞋	311
8	6932023905608	牙刷	280
9	6932023905609	饼干	2
10	6932023905610	起泡酒	99
11	6932023905620	葡萄干	3
12	6932023905621	圆珠笔	189
13	6932023905622	啤酒	116
14	6932023905623	蛋糕	99
15	6932023905624	毛巾	12
16	6932023905625	干脆面	1
17	6932023905626	爽身粉	19
18	6932023905627	衣架	18
19	6932023905628	Ferre 榛果威化巧克力	39
20	6932023905629	Kinder 牛奶巧克力	889
21	6981013081240	芬达	12
22	6981013081241	电池	90
23	6981013081242	绿茶	100
24	6981013081243	洗发水	20
25	6981013081244	闹钟	8

表 3-16 出库作业周报 7（物动量统计）

制表人：方梅　　　　　　　　　　　　　　　　　　　　　制表时间：2015 年 5 月 31 日

序号	商品编码/条码	商品名称	出库量（箱）
1	6930363000463	怡宝矿泉水	230
2	6932023905602	湿巾	44
3	6932023905603	Kinder 牛奶巧克力	2 360
4	6932023905604	水杯	18
5	6932023905605	洗涤剂	182
6	6932023905606	纯咖啡	145
7	6932023905607	拖鞋	291
8	6932023905608	牙刷	260
9	6932023905609	饼干	6
10	6932023905610	起泡酒	102
11	6932023905620	葡萄干	9
12	6932023905621	圆珠笔	199
13	6932023905622	啤酒	105
14	6932023905623	蛋糕	88
15	6932023905624	毛巾	23
16	6932023905625	干脆面	2
17	6932023905626	爽身粉	12
18	6932023905627	衣架	10
19	6932023905628	Ferre 榛果威化巧克力	20
20	6932023905629	Kinder 牛奶巧克力	831
21	6981013081240	芬达	19
22	6981013081241	电池	89
23	6981013081242	绿茶	131
24	6981013081243	洗发水	12
25	6981013081244	闹钟	3

（四）重型货架储位占用情况（见图3-1）

图3-1 重型货架储位占用情况

（五）库存信息

1. 重型货架库存（见表 3-17）

表 3-17　重型货架库存

序号	商品名称	规格/mm	单位	库存量
1	纯咖啡	600×500×600	箱	12
2	葡萄干	500×300×350	箱	12
3	衣架	400×500×200	箱	20
4	饼干	400×250×300	箱	20
5	起泡酒	300×250×300	箱	18
6	怡宝矿泉水	600×500×600	箱	16
7	爽身粉	300×250×300	箱	15
8	湿巾	400×250×300	箱	20
9	Kinder 牛奶巧克力	500×300×350	箱	20

2. 立体库区库存（见表 3-18）

表 3-18　立体库区库存

存储单位：10 瓶/箱

序号	商品名称	序号	商品名称
1	蓝带啤酒	15	统一果漾芒果饮料
2	惠泉啤酒	16	娃哈哈石榴汁饮料
3	鲜橙味牛奶饮品	17	真功夫摇摇乐果汁饮料
4	康师傅冰糖雪梨	18	乐天美贝然芒果汁饮料
5	汇源果汁	19	海太葡萄果肉饮料
6	明太郎花生牛奶饮品	20	欢乐公园精选红葡萄酒
7	伊利活性乳酸菌饮品草莓味	21	美汁源热带果粒
8	春天苹果醋	22	牵手果汁饮料
9	伊利巧克力奶	23	银鹭花生牛奶饮料
10	大红枣酸奶	24	统一蜜桃多
11	原味优酸乳	25	雅哈冰咖啡
12	冠益乳草莓味	26	华邦橙汁
13	儿童酸奶芒果	27	开卫山楂汁
14	太子奶	28	醒目西瓜味

3. 电子标签货架区库存（见表3-19）

表3-19 电子标签货架区库存

存储单位：15个单位/货位

序号	商品名称	序号	商品名称	序号	商品名称
1	清风3层面纸	10	维达迷你手帕纸	19	小熊面巾纸
2	心相印优选蓝调10包手帕纸	11	心相印面巾纸	20	富尔雅妇婴用纸
3	心相印冬己百变手帕纸10包	12	一片云卷纸	21	栀子香氛软抽
4	小福星卫生纸	13	小宝贝迷你装软抽	22	相思卫生纸
5	好吉利3层特柔无芯卷纸	14	清风空芯卷纸	23	可雅原浆纸
6	中卷无芯卷纸	15	心相印三层压花纸抽	24	丽洁卷筒纸
7	清风超质感卷筒卫生纸	16	双灯高级平板卫生纸	25	丽影妇婴用纸
8	玫瑰香手帕纸	17	中荣万盛长筒卷纸	26	可美卷筒纸
9	珍爱芦荟10片独立湿巾	18	一帆婴儿湿巾	27	维妮美冰茉莉卫生湿巾

4. 阁楼货架区库存（见表3-20）

表3-20 阁楼货架区库存

存储单位：30个单位/货位

序号	商品名称
1	康师傅水晶葡萄
2	康师傅绿茶
3	可口可乐
4	农夫山泉
5	七喜汽水
6	阿萨姆奶茶
7	水溶C100
8	三得利奶茶
9	优格奶茶
10	丽人堂玫瑰茶
11	鲜橙多
12	三得利乌龙茶

5. 重型货架散货区库存（见表 3-21）

表 3-21　重型货架散货区库存

存储单位：50 个/货位

序号	商品名称
1	脉动柠檬味
2	佳得乐蓝莓味
3	日加满
4	东鹏特饮

二、入库通知单

入库作业准备项目设计所需资料如下，根据要求完成设计内容（本项内容只设计不执行，只在方案设计中考核，不在方案实施中考核）。

入库通知

今收到供货商发来入库通知单，计划到货日期为 2015 年 6 月 25 日上午 9 时，内容如下：

品名：工具盒套装　　　　　包装规格：500×400×600（mm）
包装材质：松木　　　　　　单箱毛重：48 kg
包装标识限高：5 层　　　　数量：3 200 箱

如果此批物品入库后就地码垛堆存，至少需要多大面积的储位？如果目标存储区域可堆垛宽度限制为 6.0m，计算出计划堆成的货垛的垛长、垛宽及垛高各为多少箱。

注：1. 仓库高度为 4.8 m，地坪荷载：1280 kg/m²；
　　2. 垛型要求为重叠堆码的平台垛；
　　3. 储位面积计算要充分考虑仓储"五距"。

三、采购通知

1. 采购信息

公司向天津市供应商 A 订购商品一批，供应商送货上门，具体入库时间为 2015 年 6 月 25 日，具体采购信息如表 3-22 所示。

表 3-22　入库任务单

入库任务单编号		R20150625	计划入库时间	到货当日	
序号	商品名称	包装规格（长×宽×高）/mm	单价/（元·箱$^{-1}$）	重量/kg	入库/箱
1	Kinder 牛奶巧克力	330×400×200	120	12	36
2	蛋糕	500×300×400	290	20	15

续表

3	干脆面	300×200×300	87	8	59
4	洗涤剂	600×400×300	460	35	15
合计					125
供应商			供应商 A		

2. 采购信息二

公司向武汉市供应商 B 采购大宗商品,本企业上门提货,具体派车提货的时间定为 2015 年 6 月 25 日,采购信息如表 3－23 所示。

表 3－23　采购订单

采购单编号	R20150625		计划提货时间	2015 年 6 月 25 日	
序号	商品名称	包装规格（长×宽×高）/mm	单价/（元·套$^{-1}$）	重量/kg	订购数量/箱
1	五金套件	460×260×180	50	35	1 000
供应商			供应商 B		

（1）运输线路情况。物流公司运输调度员了解到,从天津发往武汉整体行程时间为 2 天,运输线路有高速公路、国道、省道三条,每条线路的具体信息如下:

①高速公路:1 010km,路桥费 598 元;

②国道:1 227km,路桥费 412 元;

③省道:1 610km,路桥费 298 元。

（2）油耗及油价情况。百公里油耗 15L,油价为 6.68 元/L。

（3）运输车辆信息。公司现有大小不同的两种运输车辆,具体车辆信息如下:

①车型 1:载重 10 t,车辆容积 45 m^3;

②车型 2:载重 5 t,车辆容积 30 m^3。

四、客户订单信息

2015 年 6 月 25 日 7 时,公司接收到客户的订货信息,所有订单要求在当日出库配送。仓管员根据 24 日作业完毕后的库存情况进行备货操作。

1. 订单信息（见表 3－24～表 3－28）

表 3－24　采购订单 1

客户名称:乐草堂连锁集团　　　　　　　　　　　　　订单编号:C20150625001

序号	商品名称	单位	单价/元	订购数量	总重量/kg	金额/元	备注
1	起泡酒	箱	950	13	260	480	
2	葡萄干	箱	60	8	16	304	

续表

序号	商品名称	单位	单价/元	订购数量	总重量/kg	金额/元	备注
3	Kinder 牛奶巧克力	箱	38	8	120	920	
4	衣架	箱	230	4	80	10	
5	鲜橙味牛奶饮品	瓶	5	2	1	10.5	
6	娃哈哈石榴汁饮料	瓶	3.5	3	1.5	16	
7	玫瑰香手帕纸	包	8	2	0.5	62.5	
8	一帆婴儿湿巾	包	12.5	5	3	80	
9	丽人堂玫瑰茶	瓶	8	10	6	13.5	
10	三得利乌龙茶	瓶	4.5	3	2	45	
11	七喜汽水	瓶	3	15	8	480	
	合计				498	1 941.5	

表 3-25 采购订单 2

客户名称：达兴公司　　　　　　　　　　　　　　　　　　　订单编号：C20150625002

序号	商品名称	单位	单价/元	订购数量	总重量/kg	金额/元	备注
1	纯咖啡	箱	500	8	48	4 000	
2	起泡酒	箱	950	15	300	14 250	
3	爽身粉	箱	360	10	50	3 600	
4	春天苹果醋	瓶	5	15	8	75	
5	优格奶茶	瓶	4.8	15	8	72	
6	心相印面巾纸	盒	8	8	5	64	
7	小福星卫生纸	包	6	2	0.5	12	
8	康师傅绿茶	瓶	3	10	5	30	
9	佳得乐蓝莓味	瓶	4.5	8	4	36	
10	日加满	瓶	5	12	6	60	
	合计				434.5	22 199	

表 3-26 采购订单 3

客户名称：星美公司　　　　　　　　　　　　　　　　　　　订单编号：C20150625003

序号	商品名称	单位	单价/元	订购数量	总重量/kg	金额/元	备注
1	Kinder 牛奶巧克力	箱	120	10	120	1 200	
2	葡萄干	箱	60	1	2	60	
3	湿巾	箱	360	10	50	3 600	
4	开卫山楂汁	瓶	5	10	6	50	

续表

序号	商品名称	单位	单价/元	订购数量	总重量/kg	金额/元	备注
5	原味优酸乳	瓶	3	8	3.2	24	
6	伊利巧克力奶	瓶	2	6	1.2	12	
	合计				182.4	4 946	

表 3-27 采购订单 4

客户名称：桃源集团　　　　　　　　　　　　　　　　订单编号：C20150625004

序号	物品名称	单位	单价/元	订购数量	总重量/kg	金额/元	备注
1	起泡酒	箱	960	2	40	1 920	
2	衣架	箱	460	13	455	5 980	
3	纯咖啡	箱	500	4	24	2 000	
4	爽身粉	箱	360	9	45	3 240	
5	怡宝矿泉水	箱	45	15	120	675	
6	康师傅绿茶	瓶	4	2	1	8	
7	水溶 C100	瓶	5	2	1	10	
8	鲜柠多	瓶	4	10	5	40	
	合计				691	13 873	

表 3-28 采购订单 5

客户名称：华丰公司　　　　　　　　　　　　　　　　订单编号：C20150625005

序号	物品名称	单位	单价/元	订购数量	总重量/kg	金额/元	备注
1	衣架	箱	200	10	20	2 000	
2	蛋糕	箱	290	15	300	4 350	
3	统一果漾芒果饮料	瓶	4	4	2	16	
4	海太葡萄果肉饮料	瓶	12	10	7	120	
5	伊利巧克力奶	瓶	2.5	6	1.8	15	
6	华邦橙汁	瓶	8	5	5	40	
7	清风空心卷纸	包	9	5	2	45	
8	可美卷筒纸	包	4	10	5	40	
9	维妮美冰茉莉卫生湿巾	包	6	10	2	60	
10	小熊面巾纸	包	6.5	12	3	78	
	合计				347.8	6 764	

2. 地理位置信息

物流公司的四个客户和仓库所在地理位置信息如图 3-2 所示。

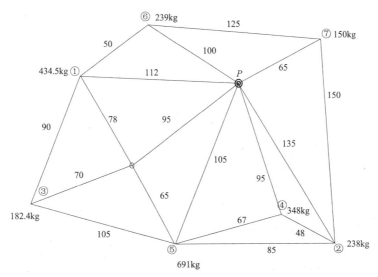

图 3-2 配送网络

配送中心现有配送车 3 辆,其中载重量为 300 kg 的 B 型车 2 辆,载重为 900 kg 的 A 型车 1 辆。车辆行驶过程中,每小时产生 120 元成本。A 型车行驶速度为 40 km/h,B 型车行驶速度为 25 km/h。

试根据上述信息结合节约里程法求最优配送方案。

3. 主要设备成本信息(见表 3-29)

表 3-29 主要设备成本信息

名称	主要参数	数量	成本	备注
重型货架(托盘货架)	2 排 4 列 3 层; 货位参考尺寸:2 400×1 000×1 210 (mm); 双货位(标准货位),层净高 1 210 mm, 横梁高度 900 mm	24	20 元/个	
手动液压托盘车(地牛)	品牌:欧力特等; 额定起重量:2 500 kg; 每队可租赁 2 台	2 台	0.5 元/ (台·分钟)	
叉车	品牌:TCM; 规格型号:FB-Ⅶ15; 自重:3 180 kg; 额定起重量 1 500 kg; 标准载荷中心距:500 mm; 最大起升高度:3 500 mm; 最大起升高度起重量 1 000 kg; 每队只能租赁 1 台	1 台	8 元/台次	

续表

名称	主要参数	数量	成本	备注
大车租赁	车厢内尺寸：长1.5 m、宽0.9 m、高0.8 m； 车辆外尺寸：长1.60 m、宽1.05 m、高0.9 m； 车厢侧拉门1个、后双开门1个		450元/辆	
小车租赁	车厢内尺寸：长1.35 m、宽0.89 m、高0.88 m； 车辆外尺寸：长1.41 m、宽0.97 m、高0.94 m； 车厢侧拉门1个、后双开门1个； 以上数据误差在±0.02 m		300元/辆	
托盘	1 200×1 000×150（mm）； 木制川字底； 1 000 mm方向进货叉； 承重量30kg/个； 载重量：1 000 kg	10个	15元/个	
托盘条码信息及成本	码制：CODE39，8位，无校验位； 参考尺寸：100×50（mm）		购买条码10元/组（每组两个条码）； 自制条码工本费2元/组	
月台	1 500×1 000（mm）	4个		
物流箱	550×400×163（mm）		12元/个	
员工	主管1名； 仓管员3名	4人	40元/时	
外包咨询费	指导教师	1人	5元/（秒·人）	
信息系统	全国高职物流竞赛软件	1套	免费	
电脑	主流配置	1台	免费	
手持终端	C5000W	1台	免费	

[操作与实训任务1]

物动量 ABC 分类。

[任务完成的记录1]

[操作与实训任务2]
收货检验、编制托盘条码。
[任务完成的记录2]

[操作与实训任务3]
物品组托示意图。
[任务完成的记录3]

[操作与实训任务4]
上架存储货位图绘制、就地堆码存储区规划。
[任务完成的记录4]

[操作与实训任务5]
订单有效性分析。
[任务完成的记录5]

[操作与实训任务6]
客户优先权分析。
[任务完成的记录6]

[操作与实训任务7]
库存分配计划表。
　[任务完成的记录7]

[操作与实训任务8]
拣选作业计划、月台分配示意图。
　[任务完成的记录8]

[操作与实训任务9]
配送车辆调度与路线优化、配装配载方案。
　[任务完成的记录9]

实训场景 2
2018 年全国智慧物流作业方案设计与实施赛项赛卷

[背景材料]

一、包装箱资料

(1) 诚诚油炸花生仁：353×235×180（mm），3 kg/箱，限高：6 层；
(2) 可乐年糕：353×235×180（mm），8 kg/箱，限高：6 层；
(3) 隆达葡萄籽油：353×235×180（mm），6 kg/箱，限高：6 层；
(4) 梦阳奶粉：353×235×180（mm），4 kg/箱，限高：6 层；
(5) 顺心奶嘴：448×276×180（mm），8 kg/箱，限高：5 层；
(6) 幸福方便面：586×378×180（mm），4 kg/箱，限高：3 层；
(7) 婴儿湿巾：498×333×180（mm），7 kg/箱，限高：5 层；
(8) 婴儿纸尿裤：316×211×180（mm），5 kg/箱，限高：6 层。

二、客户档案（见表 3-30～表 3-38）

表 3-30　客户档案（德程公司）

客户编号	2012070309				
公司名称	德程公司		助记码	MCH	
法人代表	张强	家庭地址	天津市红星区红旗家园 2-3-302	联系方式	022-27543885
证件类型	营业执照	证件编号	120108765436754	营销区域	京津塘
公司地址	天津市滨海区新沙街增 3 号		邮编	300235	联系人	牛红
办公电话	022-26548965	家庭电话	022-86436895	传真号码	022-26548966
电子邮箱	meicheng@yahoo.com	QQ 账号	653262883	MSN 账号	meicheng@haotmail.com
开户银行	中国银行		银行账号	63273216947386	
公司性质	外资	所属行业	商业	注册资金	600 万元	经营范围	食品、办公用品
信用额度	15 万元	忠诚度	一般	满意度	一般	应收账款	9.5 万元
客户类型	普通型		客户级别	B	
建档时间	2012 年 7 月		维护时间	2015 年 6 月	
WEB 主页	www.meicheng.com				
备注：					

表 3-31　客户档案（德福公司）

客户编号	2003020106				
公司名称	德福公司		助记码	MF	
法人代表	赵光明	家庭地址	天津市海河区滨海街渔光家园 5-505	联系方式	022-33557890
证件类型	营业执照	证件编号	120213432567876	营销区域	京津塘
公司地址	天津市海河区裕美大厦 20-3-4		邮编	321349	联系人	王彬
办公电话	022-38293647	家庭电话	022-53468679	传真号码	022-38293600
电子邮箱	meifu@126.com	QQ账号	505967892	MSN账号	meifu@hotmail.com
开户银行	招商银行海河支行		银行账号	93725289031384	
公司性质	民营	所属行业	零售	注册资金	300万元	经营范围	日用品、食品
信用额度	9万元	忠诚度	一般	满意度	高	应收账款	8.95万元
客户类型	普通型		客户级别	B	
建档时间	2003年2月		维护时间	2015年6月	
WEB主页	www.meifu.com				
备注：					

表 3-32　客户档案（德家公司）

客户编号	2003020157				
公司名称	德家公司		助记码	MJ	
法人代表	杨佳丽	家庭地址	天津市西开区枫林别墅 12 号	联系方式	022-87918998
证件类型	营业执照	证件编号	120243132587676	营销区域	天津市区
公司地址	天津市滨海区第五大街 56 号		邮编	322567	联系人	王亮
办公电话	022-23287689	家庭电话	022-26858957	传真号码	022-23287688
电子邮箱	meijia@sina.com	QQ账号	698654678	MSN账号	meijia@hotmail.com
开户银行	淮海银行		银行账号	87965687975	
公司性质	中外合资	所属行业	商业	注册资金	1 200万元	经营范围	日用品、食品
信用额度	200万元	忠诚度	高	满意度	高	应收账款	199.8万元
客户类型	母公司		客户级别	A	
建档时间	2003年2月		维护时间	2015年6月	
WEB主页	www.meijia.com				
备注：					

表 3-33 客户档案（德来公司）

客户编号	\multicolumn{7}{c}{2004030123}						
公司名称	德来公司		助记码		DL		
法人代表	王永红	家庭地址	天津市北开区佳和家园 5-2-502		联系方式	022-66554489	
证件类型	营业执照	证件编号	120106754788763		营销区域	天津市区	
公司地址	天津市西城区星河路 243 号		邮编	300875	联系人	任程程	
办公电话	022-28654896	家庭电话	022-64338906		传真号码	022-28654897	
电子邮箱	meilai@126.com	QQ 账号	8753885336		MSN 账号	meilai@msn.com	
开户银行	新华商业银行		银行账号		86439896420427		
公司性质	民营	所属行业	零售业	注册资金	1 200 万元	经营范围	食品、办公用品
信用额度	150 万元	忠诚度	高	满意度	较高	应收账款	142 万元
客户类型	重点型		客户级别		A		
建档时间	2004 年 3 月		维护时间		2017 年 6 月		
WEB 主页	www.meilai.com						
备注：							

表 3-34 客户档案（德兰公司）

客户编号	\multicolumn{7}{c}{2004065055}						
公司名称	德兰公司		助记码		ML		
法人代表	李岚	家庭地址	天津市新港区紫竹苑 6-1-102		联系方式	022-27654878	
证件类型	营业执照	证件编号	120108776875375		营销区域	塘汉大	
公司地址	天津市滨海区滨海新路 154 号		邮编	300754	联系人	高泽	
办公电话	022-23976580	家庭电话	022-27654996		传真号码	022-23976581	
电子邮箱	meilan@yahoo.com	QQ 账号	8754387909		MSN 账号	meilan@hotmail.com	
开户银行	天津商业银行		银行账号		8654909785		
公司性质	民营	所属行业	零售	注册资金	200 万元	经营范围	日用品、食品
信用额度	10 万元	忠诚度	一般	满意度	较高	应收账款	9.9 万元
客户类型	普通型		客户级别		C		
建档时间	2004 年 6 月		维护时间		2015 年 6 月		
WEB 主页	www.meilan.com						
备注：							

表 3-35　客户档案（德乐公司）

客户编号	2003042301					
公司名称	德乐公司			助记码	ML	
法人代表	董轩	家庭地址	天津市湖西区嘉义街凯莱庄园 7-201	联系方式	022-67535678	
证件类型	营业执照	证件编号	120109278362905	营销区域	天津市区	
公司地址	天津市滨海区西城道 29 号		邮编	316790	联系人	王新
办公电话	022-67530864		家庭电话	022-83520573	传真号码	022-67530865
电子邮箱	meile@162.com		QQ 账号	863820344	MSN 账号	meile@162.com
开户银行	新华商业银行			银行账号	62839047352	
公司性质	中外合资	所属行业	商业	注册资金	100 万元	经营范围	食品、办公用品
信用额度	5 万元	忠诚度	一般	满意度	较高	应收账款	4.5 万元
客户类型	普通型		客户级别	B		
建档时间	2003 年 4 月		维护时间	2015 年 6 月		
WEB 主页	www.meile.com					
备注：						

表 3-36　客户档案（德麟公司）

客户编号	2009012403					
公司名称	德麟公司			助记码	DLL	
法人代表	李文和	家庭地址	天津市滨海区霞光街水岸渔村 3-301	联系方式	022-33438679	
证件类型	营业执照	证件编号	120103789346338	营销区域	华北地区	
公司地址	天津市滨海区新民道 93 号		邮编	300026	联系人	李凯
办公电话	022-82641893		家庭电话	022-37827463	传真号码	022-82641890
电子邮箱	Meilin.com		QQ 账号	738496216	MSN 账号	meilin@msn.com
开户银行	海河银行滨海支行			银行账号	1566331510296580	
公司性质	民营	所属行业	零售	注册资金	400 万元	经营范围	食品、日用百货
信用额度	160 万元	忠诚度	较高	满意度	高	应收账款	152.5 万元
客户类型	重点型		客户级别	B		
建档时间	2009 年 1 月		维护时间	2017 年 6 月		
WEB 主页	www.meilin.com.cn					
备注：						

表 3-37 客户档案（德翔公司）

客户编号	2009081602							
公司名称	德翔公司			助记码		MX		
法人代表	王熠	家庭地址	天津市西开区临海街西湖里 4-201		联系方式		022-73415468	
证件类型	营业执照	证件编号	58966324770041			营销区域	滨海区	
公司地址	天津市滨海区第五大道 77 号			邮编	300468	联系人	王志刚	
办公电话	022-89912861		家庭电话	022-73415468		传真号码	022-89912880	
电子邮箱	meicheng@136.com		QQ账号	58413416		MSN账号	meicheng@msn.com	
开户银行	中华银行			银行账号		1574784563131450		
公司性质	国有	所属行业	商业	注册资金	400 万元	经营范围	服装、食品	
信用额度	15 万元	忠诚度	一般	满意度	一般	应收账款	13 万元	
客户类型	普通型			客户级别		B		
建档时间	2009 年 8 月			维护时间		2015 年 6 月		
WEB 主页	www.meicheng.com.cn							
备注：								

表 3-38 客户档案（德鄢公司）

客户编号	2008080902							
公司名称	德鄢公司			助记码		DY		
法人代表	薛瑾	家庭地址	天津市南口区林南苑 11-3-803		联系方式		022-27655865	
证件类型	营业执照	证件编号	120108754377888			营销区域	塘汉大	
公司地址	天津市西城区晚霞路 43 号			邮编	300587	联系人	范威	
办公电话	022-23876590		家庭电话	022-28657973		传真号码	022-23876591	
电子邮箱	meiyan@eyou.com		QQ账号	2115467907		MSN账号	meiyan@msn.com	
开户银行	津广银行			银行账号		5357899765569		
公司性质	中外合资	所属行业	零售业	注册资金	3 600 万元	经营范围	食品、日用品	
信用额度	190 万元	忠诚度	高	满意度	高	应收账款	178 万元	
客户类型	伙伴型			客户级别		A		
建档时间	2008 年 8 月			维护时间		2018 年 4 月		
WEB 主页	www.meiyan.com							

三、客户订单（见表3-39~表3-42）

表3-39　德福公司采购订单

订单编号：D201805110101　　　　　　　　　　　　　　　　　　　　发货时间：2018.5.11

序号	商品名称	单位	单价/元	订购数量	金额/元	备注
1	婴儿纸尿裤	箱	100	5	500	
2	可乐年糕	箱	100	4	400	
3	农夫山泉饮用天然水380mL	箱	100	2	200	
4	芬达橙味汽水600mL	箱	50	9	450	
5	王老吉凉茶植物饮料310mL	箱	50	1	50	
6	雀巢优活550mL	箱	50	1	50	
7	小茗同学冷泡冰橘绿茶480mL	箱	50	2	100	
8	美汁源10%果粒橙450mL	箱	50	2	100	
9	脉动维生素饮料蜜桃味600mL	箱	50	2	100	
10	伊藤园浓茶绿茶饮料500mL	箱	50	1	50	
11	乐虎氨基酸维生素功能饮料250mL	箱	50	1	50	
	合计			30	2 050	

表3-40　德鄂公司采购订单

订单编号：D201805110102　　　　　　　　　　　　　　　　　　　　发货时间：2018.5.11

序号	商品名称	单位	单价/元	订购数量	金额/元	备注
1	幸福方便面	箱	100	5	500	
2	可乐年糕	箱	100	2	200	
3	诚诚油炸花生仁	箱	100	1	100	
4	农夫山泉饮用天然水380mL	箱	50	1	50	
5	芬达橙味汽水600mL	箱	50	2	100	
6	王老吉凉茶植物饮料310mL	箱	50	1	50	
7	雀巢优活550mL	箱	50	1	50	
8	小茗同学冷泡冰橘绿茶480mL	箱	50	2	100	
9	美汁源10%果粒橙450mL	箱	50	1	50	
10	脉动维生素饮料蜜桃味600mL	箱	50	2	100	
11	伊藤园浓茶绿茶饮料500mL	箱	50	1	50	
12	乐虎氨基酸维生素功能饮料250mL	箱	50	1	50	
	合计			20	1 400	

表 3-41 德来公司采购订单

订单编号：D201805110103　　　　　　　　　　　　　　　　　　发货时间：2018.5.11

序号	商品名称	单位	单价/元	订购数量	金额/元	备注
1	顺心奶嘴	箱	100	10	1 000	
2	可乐年糕	箱	100	3	300	
3	梦阳奶粉	箱	100	2	200	
4	农夫山泉饮用天然水 550mL	箱	50	2	100	
5	百岁山饮用天然矿泉水 348mL	箱	50	2	100	
6	恒大冰泉 500mL	箱	50	2	100	
7	康师傅包装饮用水 550mL	箱	50	2	100	
8	小茗同学冷泡冰橘绿茶 480mL	箱	50	1	50	
9	美汁源 10% 果粒橙 450mL	箱	50	1	50	
10	脉动维生素饮料蜜桃味 600mL	箱	50	1	50	
11	伊藤园浓茶绿茶饮料 500mL	箱	50	1	50	
12	乐虎氨基酸维生素功能饮料 250mL	箱	50	1	50	
	合计			28	2 150	

表 3-42 德麟公司采购订单

订单编号：D201805110104　　　　　　　　　　　　　　　　　　发货时间：2018.5.11

序号	商品名称	单位	单价/元	订购数量	金额/元	备注
1	婴儿湿巾	箱	100	7	700	
2	可乐年糕	箱	100	2	200	
3	隆达葡萄籽油	箱	100	2	200	
4	娃哈哈饮用纯净水 550mL	箱	50	8	400	
5	龙志 3 号仙鹤尖匙	盒	50	2	100	
6	清亮牙签牙线	包	50	2	100	
7	丫丫黑梳	包	50	2	100	
8	水晶刷	盒	50	2	100	
9	清亮一次性雨衣	包	50	2	100	
10	机动车行驶驾驶证	包	50	2	100	
11	美目眼线贴	包	50	2	100	
12	澳娃 120 记号笔	盒	50	2	100	

续表

序号	商品名称	单位	单价/元	订购数量	金额/元	备注
13	好帮手洗澡巾	包	50	2	100	
14	伊藤园浓茶绿茶饮料500mL	箱	50	2	100	
15	乐虎氨基酸维生素功能饮料250mL	箱	50	2	100	
	合计			41	2 600	

四、库存信息

（一）货架规格

重型货架（托盘货架）1排6列3层，双货位，单货位承重≤500 kg。

货位参考尺寸：

第一层：1 125×1 000×1 010（mm）；

第二层：1 125×1 000×1 040（mm）；

第三层：1 125×1 000×960（mm）。

（二）货位库存

1. 重型货架库存（见表3-43）

请各参赛队将新上架物品用浅灰色填涂，并标明该物品数量，如图3-3所示。货位30元/个。

表3-43 重型货架库存

序号	商品名称	规格/mm	单位	货位地址	入库日期	生产日期	保质期
1	婴儿湿巾	498×333×180	箱	H2-01-05-01	2018年5月10日	2017年11月5日	12个月
2	婴儿纸尿裤	316×211×180	箱	H2-01-01-01	2018年4月1日	2018年1月23日	12个月
3	幸福方便面	586×378×180	箱	H2-01-04-03	2018年5月4日	2018年4月1日	12个月
4	可乐年糕	353×235×180	箱	H2-01-02-02	2018年5月8日	2018年3月12日	6个月
5	诚诚油炸花生仁	353×235×180	箱	H2-01-04-02	2018年5月9日	2018年3月15日	3个月
6	梦阳奶粉	353×235×180	箱	H2-01-02-03	2018年5月3日	2018年4月11日	12个月
7	隆达葡萄籽油	353×235×180	箱	H2-01-06-02	2018年5月6日	2018年4月17日	24个月

图 3-3 货位存储

2. 立体库区库存（见表 3-44）

表 3-44 立体库区库存

存储单位：8 个单位/箱

序号	商品名称	序号	商品名称
1	农夫山泉饮用天然水 550mL	20	怡宝饮用纯净水 555mL
2	农夫山泉饮用天然水 380mL	21	怡宝饮用纯净水 350mL
3	雀巢优活 550mL	22	名仁苏打水 375mL
4	统一绿茶茉莉味 500mL	23	芬达橙味汽水 600mL
5	可口可乐零度 500mL	24	王老吉凉茶植物饮料 310mL
6	加多宝凉茶 310mL	25	雪碧 500mL
7	旺仔牛奶 145mL	26	百岁山饮用天然矿泉水 348mL
8	怡宝饮用纯净水 555mL	27	可口可乐零度 500mL
9	名仁苏打水 375mL	28	旺仔牛奶 145mL
10	芬达橙味汽水 600mL	29	纯悦包装饮用水 550mL
11	王老吉凉茶植物饮料 310mL	30	阿尔山矿泉水 550mL
12	雪碧 500mL	31	巴马铂泉 350mL
13	恒大冰泉 500mL	32	巴马铂泉 500mL
14	康师傅浓浓柠檬红茶 450mL	33	北大荒天然矿泉水 350mL
15	康师傅优悦饮用纯净水 560mL	34	格桑泉饮用天然水 360mL
16	百岁山饮用天然矿泉水 570mL	35	恒大冰泉天然矿泉水 350mL
17	康师傅包装饮用水 550mL	36	可蓝天然矿泉水 550mL
18	冰露包装饮用水 550mL	37	昆仑山矿泉水 350mL
19	纯悦包装饮用水 550mL	38	农夫山泉天然运动装 400mL

续表

序号	商品名称	序号	商品名称
39	雀巢优活 330mL	48	康师傅包装饮用水 550mL
40	水立方饮用天然矿泉水 585mL	49	冰露包装饮用水 550mL
41	天宝泉弱碱性天然饮用水 500mL	50	恒大冰泉 500mL
42	爱夸饮用天然矿泉水 570mL	51	农夫山泉饮用天然水 550mL
43	娃哈哈纯净水 596mL	52	农夫山泉饮用天然水 380mL
44	娃哈哈饮用纯净水 550mL	53	雀巢优活 550mL
45	康师傅浓浓柠檬红茶 450mL	54	统一绿茶茉莉味 500mL
46	康师傅优悦饮用纯净水 560mL	55	加多宝凉茶 310mL
47	百岁山饮用天然矿泉水 570mL	56	

3. 电子标签货架区库存（见表3-45）

表3-45 电子标签货架区库存

存储单位：7个单位/货位

序号	商品名称	序号	商品名称	序号	商品名称
1	农夫山泉饮用天然水 550mL	19	佳欣棉签	37	龙志3号仙鹤尖匙
2	芬达橙味汽水 600mL	20	统一绿茶茉莉味 500mL	38	金达日美叉匙
3	冰露包装饮用水 550mL	21	百岁山饮用天然矿泉水 348mL	39	旺仔牛奶 145mL
4	清亮一次性防尘鞋套	22	怡宝饮用纯净水 555mL	40	安居高级不锈钢吊夹
5	好帮手洗澡巾	23	一次性医用普通口罩	41	机动车行驶驾驶证
6	小鱼儿直尺	24	清亮一次性雨衣	42	沐浴花
7	农夫山泉饮用天然水 380mL	25	康洁垃圾袋	43	贝诺儿童牙刷
8	王老吉凉茶植物饮料 310mL	26	可口可乐零度 500mL	44	清亮牙签牙线
9	纯悦包装饮用水 550mL	27	恒大冰泉 500mL	45	加多宝凉茶 310mL
10	恒丽达强力粘钩系列	28	名仁苏打水 375mL	46	香味荧光星星条
11	精品笔记本系列	29	美目眼线贴	47	澳娃120记号笔
12	花开木木梳子	30	爱乐迪洁肤柔湿巾	48	百兽皇扑克
13	雀巢优活 550mL	31	JIA TE 便笺纸	49	小怪才橡皮擦
14	雪碧 500mL	32	康师傅包装饮用水 550mL	50	水晶刷
15	康师傅优悦饮用纯净水 560mL	33	康师傅浓浓柠檬红茶 450mL	51	开口笑牙刷
16	先锋剪刀	34	百岁山饮用天然矿泉水 570mL	52	丫丫黑梳
17	伊芝莲旅行空瓶系列	35	CLOTHES ROPE 尼龙绳	53	倾城之恋发夹套装
18	流行花园桂花固体清香剂	36	ERASING 白板笔	54	皂盒

4. 阁楼货架区库存（见表 3-46）

表 3-46　阁楼货架区库存

存储单位：30 个单位/货位

序号	商品名称
1	旺仔牛奶 245mL
2	芬达苹果味汽水 600mL
3	小茗同学冷泡茉莉萃茶 480mL
4	美汁源 10% 果粒橙 450mL
5	统一海之言柠檬果味饮料 500mL
6	小茗同学冷泡冰橘绿茶 480mL
7	脉动维生素饮料蜜桃味 600mL
8	可口可乐碳酸饮料 500mL
9	统一海之言水蜜桃味 500mL
10	康师傅冰红茶 500mL
11	小茗同学冷泡青柠红茶 480mL
12	康师傅浓浓柠檬绿茶 450mL

5. 重型货架散货区库存（见表 3-47）

表 3-47　重型货架散货区库存

存储单位：60 个单位/货位

序号	商品名称
1	伊藤园无糖绿茶饮料 500mL
2	伊藤园浓茶绿茶饮料 500mL
3	景田饮用纯净水 560mL
4	乐虎氨基酸维生素功能饮料 250mL

五、物动量信息（见表 3-48 ~ 表 3-53）

表 3-48　出库作业半年报（物动量统计）

制表人：李毅　　　　　　　　　　　　　　　　　　制表时间：2015 年 6 月 30 日

商品编码/条码	商品名称	出库量/箱
6902774003017	金多多婴儿营养米粉	15
6932425987656	婴儿纸尿裤	334

续表

商品编码/条码	商品名称	出库量/箱
6918010061360	脆香饼干	141
6934848456092	可乐年糕	89
6918163010887	黄桃水果罐头	16
6920855052068	利鑫达板栗	43
6920907800173	休闲黑瓜子	13
6944848456589	隆达葡萄籽油	135
6932010061877	华冠芝士微波炉爆米花	13
6944848456282	兴华苦杏仁	225
6932010061829	华冠黄油微波炉爆米花	2
6932010061907	大嫂什锦水果罐头	14
6944848456350	梦阳奶粉	17
6932010061863	脆享饼干	9
6932010061969	鹏泽海鲜锅底	7
6942425987629	日明腐乳	7
6944848456290	城城花生仁	8
6958786200067	婴儿湿巾	51
6913221010106	顺心奶嘴	510
6944848456527	诚诚油炸花生仁	55
6932010061808	神奇松花蛋	84
6932010061822	爱牧云南优质小粒咖啡	175
6921317958690	婴儿美奶粉	142
6932010061853	乐纳可茄汁沙丁鱼罐头	10
6932010061860	金谷精品杂粮营养粥	9
6932010061884	早苗栗子西点蛋糕	13
6932010061891	轩广章鱼小丸子	14
6942425987624	雅比沙拉酱	3
6932010061921	山地玫瑰蒸馏果酒	3
6933434567891	幸福方便面	12
6918011061360	鑫利达板栗	6
6932010061976	万盛牌瓷砖	8
6944848456015	大王牌大豆酶解蛋白粉	1 007
6932010061459	幸福方便挂面	7

续表

商品编码/条码	商品名称	出库量/箱
6944848456599	云南优质咖啡	14
6944848450350	可口年糕	5
6932010061952	日月腐乳	11
6920907800171	婴儿美羊奶粉	4
6932410061891	大嫂水果罐头	6
6932010061865	万胜牌瓷砖	8
6932010061826	好哇哇薯片	3
6932010081891	雅儿沙拉酱	5
6932010061887	神气松花蛋	11
6932010961891	兴毕苦杏仁	4
6982010061891	乾广章鱼小丸子	8
6932010061780	大玉牌大豆酶解蛋白粉	14
6942423987624	隆迭葡萄籽油	8
6942425987524	山地玖瑰蒸馏果酒	12
6932010061900	鹏润海鲜锅底	9
6939261900108	好娃娃薯片	4

表 3-49 出库作业半年报（物动量统计）

制表人：李毅　　　　　　　　　　　　　　　制表时间：2015 年 12 月 31 日

商品编码/条码	商品名称	出库量/箱
6932010061884	早苗栗子西点蛋糕	8
6944848456599	云南优质咖啡	12
6932425987656	婴儿纸尿裤	456
6958786200067	婴儿湿巾	73
6920907800171	婴儿美羊奶粉	5
6921317958690	婴儿美奶粉	146
6932010081891	雅儿沙拉酱	24
6942425987624	雅比沙拉酱	3
6932010061891	轩广章鱼小丸子	14
6920907800173	休闲黑瓜子	7
6933434567891	幸福方便面	7
6932010061459	幸福方便挂面	10

续表

商品编码/条码	商品名称	出库量/箱
6944848456282	兴华苦杏仁	329
6932010961891	兴毕苦杏仁	9
6918011061360	鑫利达板栗	8
6932010061976	万盛牌瓷砖	9
6932010061865	万胜牌瓷砖	13
6913221010106	顺心奶嘴	491
6932010061887	神气松花蛋	4
6932010061808	神奇松花蛋	118
6932010061921	山地玫瑰蒸馏果酒	6
6942425987524	山地玖瑰蒸馏果酒	11
6932010061952	日月腐乳	7
6942425987629	日明腐乳	15
6982010061891	乾广章鱼小丸子	10
6932010061969	鹏泽海鲜锅底	15
6932010061900	鹏润海鲜锅底	7
6944848456350	梦阳奶粉	11
6942423987624	隆迭葡萄籽油	11
6944848456589	隆达葡萄籽油	129
6920855052068	利鑫达板栗	70
6932010061853	乐纳可茄汁沙丁鱼罐头	13
6934848456092	可乐年糕	123
6944848450350	可口年糕	7
6932010061860	金谷精品杂粮营养粥	12
6902774003017	金多多婴儿营养米粉	16
6918163010887	黄桃水果罐头	7
6932010061877	华冠芝士微波炉爆米花	8
6932010061829	华冠黄油微波炉爆米花	8
6939261900108	好娃娃薯片	9
6932010061826	好哇哇薯片	3
6932010061780	大玉牌大豆酶解蛋白粉	4
6944848456015	大王牌大豆酶解蛋白粉	800
6932410061891	大嫂水果罐头	5

续表

商品编码/条码	商品名称	出库量/箱
6932010061907	大嫂什锦水果罐头	7
6932010061863	脆享饼干	15
6918010061360	脆香饼干	137
6944848456290	城城花生仁	6
6944848456527	诚诚油炸花生仁	93
6932010061822	爱牧云南优质小粒咖啡	178

表 3-50 出库作业半年报（物动量统计）

制表人：李毅　　　　　　　　　　　　　　　　制表时间：2016 年 6 月 30 日

商品编码/条码	商品名称	出库量/箱
6913221010106	顺心奶嘴	473
6932010061826	好哇哇薯片	3
6918010061360	脆香饼干	109
6918011061360	鑫利达板栗	11
6932425987656	婴儿纸尿裤	343
6932010061976	万盛牌瓷砖	14
6944848450350	可口年糕	3
6932010061907	大嫂什锦水果罐头	10
6920855052068	利鑫达板栗	57
6921317958690	婴儿美奶粉	112
6918163010887	黄桃水果罐头	6
6932010061952	日月腐乳	2
6944848456527	诚诚油炸花生仁	84
6932010061853	乐纳可茄汁沙丁鱼罐头	3
6902774003017	金多多婴儿营养米粉	1
6958786200067	婴儿湿巾	64
6920907800173	休闲黑瓜子	2
6944848456589	隆达葡萄籽油	99
6944848456282	兴华苦杏仁	282
6932010061808	神奇松花蛋	86
6932010061822	爱牧云南优质小粒咖啡	125
6934848456092	可乐年糕	89

续表

商品编码/条码	商品名称	出库量/箱
6932010061860	金谷精品杂粮营养粥	5
6932010061877	华冠芝士微波炉爆米花	7
6932010061884	早苗栗子西点蛋糕	4
6932010061891	轩广章鱼小丸子	8
6942425987624	雅比沙拉酱	7
6932010061921	山地玫瑰蒸馏果酒	5
6944848456350	梦阳奶粉	14
6933434567891	幸福方便面	8
6932010061969	鹏泽海鲜锅底	2
6944848456015	大王牌大豆酶解蛋白粉	565
6939261900108	好娃娃薯片	6
6944848456599	云南优质咖啡	15
6944848456290	城城花生仁	7
6932010061863	脆享饼干	11
6920907800171	婴儿美羊奶粉	9
6932010061829	华冠黄油微波炉爆米花	14
6932410061891	大嫂水果罐头	12
6932010061865	万胜牌瓷砖	7
6932010061459	幸福方便挂面	9
6932010081891	雅儿沙拉酱	14
6932010061887	神气松花蛋	6
6932010961891	兴毕苦杏仁	8
6982010061891	乾广章鱼小丸子	5
6932010061780	大玉牌大豆酶解蛋白粉	2
6942423987624	隆迭葡萄籽油	15
6942425987524	山地玖瑰蒸馏果酒	4
6932010061900	鹏润海鲜锅底	11
6942425987629	日明腐乳	5

表 3-51 出库作业半年报（物动量统计）

制表人：李毅　　　　　　　　　　　　　　　　　　　制表时间：2016 年 12 月 31 日

商品编码/条码	商品名称	出库量/箱
6932425987656	婴儿纸尿裤	331
6958786200067	婴儿湿巾	66
6932010061808	神奇松花蛋	82
6921317958690	婴儿美奶粉	174
6932010061877	华冠芝士微波炉爆米花	6
6942425987624	雅比沙拉酱	4
6932010061952	日月腐乳	15
6939261900108	好娃娃薯片	10
6944848450350	可口年糕	8
6932010061829	华冠黄油微波炉爆米花	9
6920907800173	休闲黑瓜子	15
6902774003017	金多多婴儿营养米粉	8
6932010061887	神气松花蛋	9
6932010061822	爱牧云南优质小粒咖啡	193
6932010061891	轩广章鱼小丸子	16
6944848456599	云南优质咖啡	12
6932010061907	大嫂什锦水果罐头	9
6944848456527	诚诚油炸花生仁	81
6934848456092	可乐年糕	94
6918163010887	黄桃水果罐头	10
6913221010106	顺心奶嘴	584
6932010061853	乐纳可茄汁沙丁鱼罐头	4
6944848456282	兴华苦杏仁	210
6918010061360	脆香饼干	144
6944848456589	隆达葡萄籽油	125
6920855052068	利鑫达板栗	47
6932010061860	金谷精品杂粮营养粥	1
6932010061884	早苗栗子西点蛋糕	10
6932010061921	山地玫瑰蒸馏果酒	2
6944848456350	梦阳奶粉	8
6933434567891	幸福方便面	7

续表

商品编码/条码	商品名称	出库量/箱
6932010061969	鹏泽海鲜锅底	7
6932010061976	万盛牌瓷砖	7
6944848456015	大王牌大豆酶解蛋白粉	860
6932010061826	好哇哇薯片	8
6944848456290	城城花生仁	11
6932010061863	脆享饼干	3
6918011061360	鑫利达板栗	11
6920907800171	婴儿美羊奶粉	3
6932410061891	大嫂水果罐头	16
6932010061865	万胜牌瓷砖	11
6932010061459	幸福方便挂面	7
6932010081891	雅儿沙拉酱	11
6932010961891	兴毕苦杏仁	11
6982010061891	乾广章鱼小丸子	9
6932010061780	大玉牌大豆酶解蛋白粉	7
6942423987624	隆迭葡萄籽油	12
6942425987524	山地玖瑰蒸馏果酒	10
6932010061900	鹏润海鲜锅底	14
6942425987629	日明腐乳	10

表3-52 出库作业半年报（物动量统计）

制表人：李毅　　　　　　　　　　　　　　　　　　制表时间：2017年6月30日

商品编码/条码	商品名称	出库量/箱
6982010061891	乾广章鱼小丸子	2
6958786200067	婴儿湿巾	88
6944848456599	云南优质咖啡	9
6944848456589	隆达葡萄籽油	131
6944848456527	诚诚油炸花生仁	87
6944848456350	梦阳奶粉	9
6944848456290	城城花生仁	6
6944848456282	兴华苦杏仁	272
6944848456015	大王牌大豆酶解蛋白粉	978

续表

商品编码/条码	商品名称	出库量/箱
6944848450350	可口年糕	9
6942425987629	日明腐乳	1
6942425987624	雅比沙拉酱	2
6942425987524	山地玖瑰蒸馏果酒	7
6942423987624	隆迭葡萄籽油	12
6939261900108	好娃娃薯片	11
6934848456092	可乐年糕	125
6933434567891	幸福方便面	14
6932425987656	婴儿纸尿裤	357
6932410061891	大嫂水果罐头	12
6932010961891	兴毕苦杏仁	18
6932010081891	雅儿沙拉酱	15
6932010061976	万盛牌瓷砖	11
6932010061969	鹏泽海鲜锅底	9
6932010061952	日月腐乳	7
6932010061921	山地玫瑰蒸馏果酒	3
6932010061907	大嫂什锦水果罐头	11
6932010061900	鹏润海鲜锅底	19
6932010061891	轩广章鱼小丸子	7
6932010061887	神气松花蛋	12
6932010061884	早苗栗子西点蛋糕	11
6932010061877	华冠芝士微波炉爆米花	5
6932010061865	万胜牌瓷砖	3
6932010061863	脆享饼干	10
6932010061860	金谷精品杂粮营养粥	7
6932010061853	乐纳可茄汁沙丁鱼罐头	3
6932010061829	华冠黄油微波炉爆米花	11
6932010061826	好哇哇薯片	8
6932010061822	爱牧云南优质小粒咖啡	187
6932010061808	神奇松花蛋	96
6932010061780	大玉牌大豆酶解蛋白粉	17
6932010061459	幸福方便挂面	12

续表

物品编码/条码	物品名称	出库量/箱
6921317958690	婴儿美奶粉	175
6920907800173	休闲黑瓜子	15
6920907800171	婴儿美羊奶粉	11
6920855052068	利鑫达板栗	45
6918163010887	黄桃水果罐头	17
6918011061360	鑫利达板栗	9
6918010061360	脆香饼干	146
6913221010106	顺心奶嘴	521
6902774003017	金多多婴儿营养米粉	8

表3-53 出库作业半年报（物动量统计）

制表人：李毅　　　　　　　　　　　　　　　　制表时间：2017年12月31日

物品编码/条码	物品名称	出库量/箱
6932010061822	爱牧云南优质小粒咖啡	190
6944848456527	诚诚油炸花生仁	89
6944848456290	城城花生仁	12
6918010061360	脆香饼干	137
6932010061863	脆享饼干	5
6932010061907	大嫂什锦水果罐头	15
6932410061891	大嫂水果罐头	11
6944848456015	大王牌大豆酶解蛋白粉	1 034
6932010061780	大玉牌大豆酶解蛋白粉	7
6932010061826	好哇哇薯片	9
6939261900108	好娃娃薯片	5
6932010061829	华冠黄油微波炉爆米花	7
6932010061877	华冠芝士微波炉爆米花	5
6918163010887	黄桃水果罐头	3
6902774003017	金多多婴儿营养米粉	17
6932010061860	金谷精品杂粮营养粥	2
6944848450350	可口年糕	15
6934848456092	可乐年糕	124
6932010061853	乐纳可茄汁沙丁鱼罐头	17

续表

商品编码/条码	商品名称	出库量/箱
6920855052068	利鑫达板栗	53
6944848456589	隆达葡萄籽油	136
6942423987624	隆迖葡萄籽油	14
6944848456350	梦阳奶粉	11
6932010061900	鹏润海鲜锅底	1
6932010061969	鹏泽海鲜锅底	2
6982010061891	乾广章鱼小丸子	10
6942425987629	日明腐乳	25
6932010061952	日月腐乳	14
6942425987524	山地玖瑰蒸馏果酒	4
6932010061921	山地玫瑰蒸馏果酒	1
6932010061808	神奇松花蛋	117
6932010061887	神气松花蛋	9
6913221010106	顺心奶嘴	495
6932010061865	万胜牌瓷砖	10
6932010061976	万盛牌瓷砖	11
6918011061360	鑫利达板栗	15
6932010961891	兴毕苦杏仁	13
6944848456282	兴华苦杏仁	231
6932010061459	幸福方便挂面	16
6933434567891	幸福方便面	9
6920907800173	休闲黑瓜子	7
6932010061891	轩广章鱼小丸子	10
6942425987624	雅比沙拉酱	11
6932010081891	雅儿沙拉酱	11
6921317958690	婴儿美奶粉	167
6920907800171	婴儿美羊奶粉	6
6958786200067	婴儿湿巾	70
6932425987656	婴儿纸尿裤	362
6944848456599	云南优质咖啡	6
6932010061884	早苗栗子西点蛋糕	10

六、搬运工具信息

1. 地牛信息

（1）品牌：欧力特等；

（2）额定起重量：2 500 kg；

（3）每队可使用 2 台。

2. 叉车信息

（1）品牌：TCM；

（2）规格型号：FB-Ⅶ15；

（3）自重：3 180 kg；

（4）额定起重量 1 500 kg；

（5）标准载荷中心距：500 mm；

（6）最大起升高度：3 500mm；

（7）最大起升高度起重量 1 000 kg；

（8）每队只能使用 1 台；

（9）按使用次数计费，10 元/台次。

七、车辆配装要求

各参赛队需根据大赛专家组指定车型完成车辆配装，指定车型信息如下：

1. 大车规格

（1）车厢内尺寸：长 1.54 m、宽 0.97 m、高 0.84 m；

（2）车辆外尺寸：长 1.60 m、宽 1.05 m、高 0.91 m；

（3）车厢侧拉门 1 个、后双开门 1 个。

2. 小车规格

（1）车厢内尺寸：长 1.36 m、宽 0.89 m、高 0.90 m；

（2）车辆外尺寸：长 1.41 m、宽 0.97 m、高 0.94 m；

（3）车厢侧拉门 1 个、后双开门 1 个。

以上数据误差在 ±0.02 m。

3. 车辆使用成本

（1）大车：500 元；

（2）小车：300 元。

八、工时信息

参赛选手：36 元/（人·时）。

九、路线设计参考资料

某配送中心 P 将于 2018 年 5 月 11 日向德家（A）、德兰（B）、德鄂（C）、德来（D）、德麟（E）、德乐（F）、德程（G）、德福（H）德凯（I）德翔（J）10 家公司配送

物品,如图3-4所示,图中连线上的数字表示公路里程(km),靠近各公司括号内的数字表示各公司对物品的需求量(t)。配送中心备有3 t和4 t载重量的汽车可供使用,且配送车辆一次巡回里程不超过40 km。设送到时间均符合客户要求,试用节约里程法制定最优的配送方案。

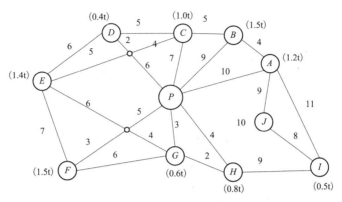

图3-4 配送网络示意图

十、入库任务单(见表3-54)

表3-54 入库任务单

入库任务单编号:R20180511				计划入库时间:到货当日	
序号	商品名称	包装规格(长×宽×高)/mm	单价/(元·箱$^{-1}$)	重量/kg	入库/箱
1	大王牌大豆酶解蛋白粉	按现场实际入库物品包装规格组托	100	5	76
2	顺心奶嘴	448×276×180	100	8	27
3	兴华苦杏仁	按现场实际入库物品包装规格组托	100	8	51
4	脆香饼干	按现场实际入库物品包装规格组托	100	14.5	44
5	婴儿湿巾	498×333×180	100	7	27
6	休闲黑瓜子	按现场实际入库物品包装规格组托	100	6	29

供应商:万事通达商贸有限公司

十一、入库通知

入库作业准备项目设计所需资料如下,根据要求完成设计内容。(本项内容只设计不执行,只在方案设计中考核,不在方案实施中考核)

入库通知

今收到供货商发来的入库通知单,计划到货日期为明天上午10时,内容如下:
品名:五金工具　　包装规格:500×300×1 200 (mm)
包装材质:松木　　单体毛重:50kg 包装标识限高　4层 数量:3 600箱
如果此批物品露天堆存,至少需要多大面积的储位?如果目标存储区域地坪荷载为2

t/m^2，可堆垛宽度限制为 5.0 m，计算出计划堆成的货垛的垛长、垛宽及垛高各为多少箱。

注：垛型要求为重叠堆码的平台垛。

十二、托盘码放示意图绘制规定

托盘码放示意图绘制要遵循如下规定并至少包含下列信息：

(1) 用 Word 绘图功能绘制示意图；

(2) 画出托盘码放的奇数层俯视图和偶数层俯视图；

(3) 在图上标出托盘的长、宽尺寸（以 mm 为单位）；

(4) 用文字说明堆码后的层数；

(5) 用文字说明此类商品所需托盘的个数；

(6) 将托盘上的物品以浅灰色填涂；

(7) 物品组托时均须压缝。

十三、托盘条码信息及成本

1. 条码信息

(1) 码制：CODE39，8 位，无校验位；

(2) 参考尺寸：100×50（mm）；

(3) 前两位设为本队抽签号，其余六位自设。

2. 条码成本

在实施储配方案时粘贴条码。

(1) 购买条码：10 元/组（每组两个条码）；

(2) 自制条码工本费：2 元/组。

十四、月台、托盘、物流箱信息

1. 月台信息

参考尺寸：2 000×1 000（mm），共 4 个月台。

2. 托盘信息

(1) 参考尺寸：1 200×1 000×160（mm）；

(2) 托盘 20 元/个；

(3) 托盘重量：20 kg/个；

(4) 每队最多可使用 9 个托盘。

3. 物流箱信息

(1) 参考尺寸：600×400×150（mm）；

(2) 使用价格：10 元/个。

十五、运输调度资料

1. 订单信息

(1) 2018 年 5 月 9 日，1 号店向本企业北京供应商 B 采购大宗商品，物流公司上门提货，如表 3-55 所示。

表 3-55 采购订单

采购单编号：R20180509　　　　　　　　　　　　　　计划到货时间：2018 年 5 月 11 日

序号	商品名称	包装规格（长×宽×高）/mm	单价/（元·箱$^{-1}$）	重量/kg/箱	订购数量/箱
1	黄桃罐头	460×260×180	180	7.5	2400
供应商	供应商 B				

（2）2018 年 5 月 9 日，1 号店向中国农业科学院作物科学研究所采购一批黄桃罐头，委托物流企业上门提货，物品信息如表 3-56 所示。

表 3-56 发货信息

客户信息	单位：中国农业科学院作物科学研究所； 地址：北京市海淀区农科大道 25 号； 联系人：张新生； 电话：13920178567
收货人	单位：天津农学院； 地址：天津市西青区津同公路 19 号； 联系人：赵树明； 电话：15622985642
装货地点	北京市海淀区农科大道 25 号
卸货地点	天津市西青区津同公路 19 号
物品信息	黄桃罐头纸箱包装规格（长×宽×高）460×260×180（mm），重量 7.5kg/箱，数量 2 400 箱，单价 180 元/箱
运杂费标准	普通物品天津—北京基础运价 300 元/t，重货（每立方米重量大于等于 333 kg）按实际重量计费，轻货（每立方米重量不足 333 kg）按折算重量计费。装车费 15 元/t，卸车费 12 元/t，保价费为物品声明价值的 0.3%，托运人可自愿选择是否保价

2. 可调用车辆信息

（1）车型一：7.2 m 厢车，可调用车辆数 4 辆。

车厢内尺寸 7.2×2.3×2.7（m），最大载重量 10 t，车辆在高速公路上空驶平均油耗 20 L/100km，重驶平均油耗增加 0.4 L/（t·100km）。车辆在其他道路上空驶平均油耗 26 L/100km，重驶平均油耗增加 0.6 L/（t·100km）。司机平均日工资 350 元（不考虑工作时长），高速公路过路过桥费平均 1.0 元/km，其他费用忽略不计。

（2）车型二：9.6 m 厢车，可调用车辆数 4 辆。

车厢内尺寸 9.6×2.3×2.7（m），最大载重量 20 t，车辆在高速公路上空驶平均油耗 25 L/100km，重驶平均油耗增加 0.8 L/（t·100km）。车辆在其他道路上空驶平均油耗 32 L/100km，重驶平均油耗增加 1.2 L/（t·100km）。司机平均日工资 600 元（不考虑工作时长），高速公路过路过桥费平均 1.6 元/km，其他费用忽略不计。

3. 天津—北京行驶线路

（1）天津到北京高速公路全程 150 km，预计行驶 2 h30 min，收取过路桥费。

（2）天津到北京国道 140 km，预计行驶 4 h15 min，无过路桥费。

无论选择哪条线路，车辆均在 24 h 内返回。

4. 车辆行驶时间成本

车型一的行驶时间成本：100 元/时；车型二的行驶时间成本：150 元/时。

5. 燃油价格

6.8 元/升。

根据以上信息填写托运单，如表 3-57 所示。请从成本节约角度选取合适的车型、运输线路进行派车。

注：要有分析计算过程。

表 3-57 物品运输托运单

2018 年 5 月 11 日 　　　　　　　　　　　　　　　　　　　第 100 号

托运人：		电话：		装货地点：						
收货人：		电话：		卸货地点：						
物品名称	性质	包装规格/mm	件数	实际重量/t	计费重量/t	物品声明价值/元	计费项目			物品核实记录
							运费/元	装卸费/元	保价费/元	
注意事项	1. 物品名称应填写具体品名，如物品名称过多，不能在托运单内逐一填写，必须另附物品清单； 2. 保险或保价物品，在相应价格栏中填写物品声明价值									

[操作与实训任务 1]

物动量 ABC 分类。

[任务完成的记录 1]

[操作与实训任务 2]

收货检验、编制托盘条码。

[任务完成的记录 2]

[操作与实训任务 3]
物品组托示意图。
[任务完成的记录 3]

[操作与实训任务 4]
上架存储货位图绘制、就地堆码存储区规划。
[任务完成的记录 4]

[操作与实训任务 5]
订单有效性分析。
[任务完成的记录 5]

[操作与实训任务 6]
客户优先权分析。
[任务完成的记录 6]

[操作与实训任务 7]
库存分配计划表。
[任务完成的记录 7]

[操作与实训任务 8]
拣选作业计划、月台分配示意图。
[任务完成的记录 8]

[操作与实训任务 9]
配送车辆调度与路线优化、配装配载方案。
[任务完成的记录 9]

实训场景 3
2019 年全国智慧物流作业方案设计与实施赛项赛卷

[背景材料]

一、包装箱资料

（1）诚诚油炸花生仁：限高 4 层；
（2）可乐年糕：限高 4 层；
（3）隆达葡萄籽油：限高 4 层；
（4）梦阳奶粉：限高 4 层；
（5）顺心奶嘴：限高 2 层；
（6）兴华苦杏仁：限高 3 层；
（7）幸福方便面：限高 4 层；
（8）婴儿湿巾：限高 2 层。

二、客户档案（见表 3-58～表 3-66）

表 3-58　客户档案（德程公司）

客户编号	2012070309	公司名称		德程公司		助记码		MCH
法人代表	张强	家庭地址		天津市红星区红旗家园 2-3-302		联系方式		022-27543885
证件类型	营业执照	证件编号		120108765436754		营销区域		京津塘
公司地址	天津市滨海区新沙街增 3 号			邮编	300235	联系人		牛红
办公电话	022-26548965	家庭电话		022-86436895		传真号码		022-26548966
电子邮箱	meicheng@yahoo.com		QQ 账号		653262883	MSN 账号		meicheng@haotmail.com
开户银行		中国银行		银行账号		632732169 47386		
公司性质	外资	所属行业	商业	注册资金	600 万元	经营范围		食品、办公用品
信用额度	15 万元	忠诚度	一般	满意度	一般	应收账款		9.5 万元
客户类型		普通型		客户级别		B		
建档时间		2012 年 7 月		维护时间		2015 年 6 月		
WEB 主页		www.meicheng.com				备注：		

表3-59 客户档案（德福公司）

客户编号	2003020106	公司名称		德福公司		助记码		MF	
法人代表	赵光明	家庭地址		天津市海河区滨海街渔光家园5-505		联系方式		022-33557890	
证件类型	营业执照	证件编号		120213432567876		营销区域		京津塘	
公司地址	天津市海河区裕美大厦20-3-4			邮编	321349	联系人		王彬	
办公电话	022-38293647	家庭电话		022-53468679		传真号码		022-38293600	
电子邮箱	meifu@126.com	QQ账号		505967892		MSN账号		meifu@hotmail.com	
开户银行	招商银行海河支行			银行账号		93725289031384			
公司性质	民营	所属行业	零售	注册资金	300万元	经营范围		日用品、食品	
信用额度	9万元	忠诚度	一般	满意度	高	应收账款		8.95万元	
客户类型	普通型			客户级别		B			
建档时间	2003年2月			维护时间		2019年3月			
WEB主页	www.meifu.com			备注：					

表3-60 客户档案（德家公司）

客户编号	2003020157	公司名称		德家公司		助记码		MJ	
法人代表	杨佳丽	家庭地址		天津市西开区枫林别墅12号		联系方式		022-87918998	
证件类型	营业执照	证件编号		120243132587676		营销区域		天津市区	
公司地址	天津市滨海区第五大街56号			邮编	322567	联系人		王亮	
办公电话	022-23287689	家庭电话		022-26858957		传真号码		022-23287688	
电子邮箱	meijia@sina.com	QQ账号		698654678		MSN账号		meijia@hotmail.com	
开户银行	淮海银行			银行账号		87965687975			
公司性质	中外合资	所属行业	商业	注册资金	1200万元	经营范围		日用品、食品	
信用额度	200万元	忠诚度	高	满意度	高	应收账款		199.8万元	
客户类型	母公司			客户级别		A			
建档时间	2003年2月			维护时间		2015年6月			
WEB主页	www.meijia.com			备注：					

表 3－61　客户档案（德来公司）

客户编号	2004030123	公司名称		德来公司		助记码		DL	
法人代表	王永红	家庭地址		天津市北开区佳和家园 5－2－502		联系方式		022－66554489	
证件类型	营业执照	证件编号		120106754788763		营销区域		天津市区	
公司地址		天津市西城区星河路 243 号		邮编	300875	联系人		任程程	
办公电话	022－28654896	家庭电话		022－64338906		传真号码		022－28654897	
电子邮箱	meilai@126.com	QQ 账号		8753885336		MSN 账号		meilai@msn.com	
开户银行		新华商业银行		银行账号		86439896420427			
公司性质	民营	所属行业	零售业	注册资金	1 200 万元	经营范围		食品、办公用品	
信用额度	150 万元	忠诚度	高	满意度	较高	应收账款		142 万元	
客户类型		重点型		客户级别		A			
建档时间		2004 年 3 月		维护时间		2019 年 4 月			
WEB 主页		www.meilai.com				备注：			

表 3－62　客户档案（德兰公司）

客户编号	2004065055	公司名称		德兰公司		助记码		ML	
法人代表	李岚	家庭地址		天津市新港区紫竹苑 6－1－102		联系方式		022－27654878	
证件类型	营业执照	证件编号		120108776875375		营销区域		塘汉大	
公司地址		天津市滨海区滨海新路 154 号		邮编	300754	联系人		高泽	
办公电话	022－23976580	家庭电话		022－27654996		传真号码		022－23976581	
电子邮箱	meilan@yahoo.com	QQ 账号		8754387909		MSN 账号		meilan@hotmail.com	
开户银行		天津商业银行		银行账号		8654909785			
公司性质	民营	所属行业	零售	注册资金	200 万元	经营范围		日用品、食品	
信用额度	10 万元	忠诚度	一般	满意度	较高	应收账款		9.9 万元	
客户类型		普通型		客户级别		C			
建档时间		2004 年 6 月		维护时间		2015 年 6 月			
WEB 主页		www.meilan.com				备注：			

表 3-63　客户档案（德乐公司）

客户编号	2003042301	公司名称		德乐公司		助记码		ML
法人代表	董轩	家庭地址		天津市湖西区嘉义街凯莱庄园 7-201		联系方式		022-67535678
证件类型	营业执照	证件编号		120109278362905		营销区域		天津市区
公司地址		天津市滨海区西城道 29 号		邮编	316790	联系人		王新
办公电话	022-67530864	家庭电话		022-83520573		传真号码		022-67530865
电子邮箱	meile@162.com	QQ 账号		863820344		MSN 账号		meile@162.com
开户银行		新华商业银行		银行账号			62839047352	
公司性质	中外合资	所属行业	商业	注册资金	100 万元	经营范围		食品、办公用品
信用额度	5 万元	忠诚度	一般	满意度	较高	应收账款		4.5 万元
客户类型		普通型		客户级别			B	
建档时间		2003 年 4 月		维护时间			2015 年 6 月	
WEB 主页		www.meile.com		备注：				

表 3-64　客户档案（德麟公司）

客户编号	2009012403	公司名称		德麟公司		助记码		DLL
法人代表	李文和	家庭地址		天津市滨海区霞光街水岸渔村 3-301		联系方式		022-33438679
证件类型	营业执照	证件编号		120103789346338		营销区域		华北地区
公司地址		天津市滨海区新民道 93 号		邮编	300026	联系人		李凯
办公电话	022-82641893	家庭电话		022-37827463		传真号码		022-82641890
电子邮箱	Meilin.com	QQ 账号		738496216		MSN 账号		meilin@msn.com
开户银行		海河银行滨海支行		银行账号			1566331510296580	
公司性质	民营	所属行业	零售	注册资金	400 万	经营范围		食品、日用百货
信用额度	160 万元	忠诚度	较高	满意度	高	应收账款		152.5 万元
客户类型		重点型		客户级别			B	
建档时间		2009 年 1 月		维护时间			2019 年 3 月	
WEB 主页		www.meilin.com.cn		备注：				

表 3-65　客户档案（德翔公司）

客户编号	2009081602	公司名称		德翔公司		助记码		MX
法人代表	王熠	家庭地址		天津市西开区临海街西湖里 4-201		联系方式		022-73415468
证件类型	营业执照	证件编号		58966324770041		营销区域		滨海区
公司地址		天津市滨海区第五大道 77 号		邮编	300468	联系人		王志刚
办公电话	022-89912861	家庭电话		022-73415468		传真号码		022-89912880
电子邮箱	meicheng@136.com	QQ 账号		58413416		MSN 账号		meicheng@msn.com
开户银行		中华银行		银行账号		1574784563131450		
公司性质	国有	所属行业	商业	注册资金	400 万元	经营范围		服装、食品
信用额度	15 万元	忠诚度	一般	满意度	一般	应收账款		13 万元
客户类型		普通型		客户级别		B		
建档时间		2009 年 8 月		维护时间		2015 年 6 月		
WEB 主页		www.meicheng.com.cn		备注：				

表 3-66　客户档案（德鄢公司）

客户编号	2008160902	公司名称		德鄢公司		助记码		DY
法人代表	薛瑾	家庭地址		天津市南口区林南苑 11-3-803		联系方式		022-27655865
证件类型	营业执照	证件编号		120108754377888		营销区域		塘汉大
公司地址		天津市西城区晚霞路 43 号		邮编	300587	联系人		范威
办公电话	022-23876590	家庭电话		022-28657973		传真号码		022-23876591
电子邮箱	meiyan@eyou.com	QQ 账号		2115467907		MSN 账号		meiyan@msn.com
开户银行		津广银行		银行账号		5357899765569		
公司性质	中外合资	所属行业	零售业	注册资金	3 600 万元	经营范围		食品、日用品
信用额度	190 万元	忠诚度	高	满意度	高	应收账款		178 万元
客户类型		伙伴型		客户级别		A		
建档时间		2008 年 8 月		维护时间		2019 年 4 月		
WEB 主页		www.meiyan.com		备注：				

三、客户订单（见表 3-67 ~ 表 3-70）

表 3-67 德福公司采购订单

订单编号：D201905100101　　　　　　　　　　　　　　　　发货时间：2019.5.11

序号	商品名称	单位	单价/元	订购数量	金额/元	备注
1	兴华苦杏仁	箱	100	5	500	
2	可乐年糕	箱	100	4	400	
3	恒大冰泉 500mL	箱	100	2	200	
4	百岁山饮用天然矿泉水 348mL	箱	50	9	450	
5	农夫山泉饮用天然水 380mL	箱	50	1	50	
6	康师傅包装饮用水 550mL	箱	50	1	50	
7	小茗同学冷泡茉莉萃茶 480mL	箱	50	2	100	
8	旺仔牛奶 245mL	箱	50	2	100	
9	海之言柠檬果味饮料 500mL	箱	50	2	100	
10	伊藤园浓茶绿茶饮料 500mL	箱	50	1	50	
11	伊藤园无糖绿茶饮料 500mL	箱	50	1	50	
	合计			30	2 050	

表 3-68 德鄂公司采购订单

订单编号：D201905100102　　　　　　　　　　　　　　　　发货时间：2019.5.11

序号	商品名称	单位	单价/元	订购数量	金额/元	备注
1	兴华苦杏仁	箱	100	9	900	
2	梦阳奶粉	箱	100	4	400	
3	幸福方便面	箱	100	2	200	
4	顺心奶嘴	箱	100	5	500	
5	农夫山泉饮用天然水 380mL	箱	50	1	50	
6	统一绿茶茉莉味 500mL	箱	50	2	100	
7	康师傅浓浓柠檬红茶 450mL	箱	50	1	50	
8	康师傅包装饮用水 550mL	箱	50	1	50	
9	小茗同学冷泡茉莉萃茶 480mL	箱	50	2	100	
10	旺仔牛奶 245mL	箱	50	1	50	
11	海之言柠檬果味饮料 500mL	箱	50	2	100	
12	伊藤园浓茶绿茶饮料 500mL	箱	50	1	50	
13	伊藤园无糖绿茶饮料 500mL	箱	50	2	100	
	合计			33	2 650	

表 3-69 德来公司采购订单

订单编号：D201905100103　　　　　　　　　　　　　　　　　　　发货时间：2019.5.11

序号	商品名称	单位	单价/元	订购数量	金额/元	备注
1	诚诚油炸花生仁	箱	100	5	500	
2	隆达葡萄籽油	箱	100	2	200	
3	幸福方便面	箱	100	2	200	
4	可乐年糕	箱	100	3	300	
5	农夫山泉饮用天然水380mL	箱	50	2	100	
6	百岁山饮用天然矿泉水348mL	箱	50	2	100	
7	恒大冰泉500mL	箱	50	2	100	
8	康师傅包装饮用水550mL	箱	50	2	100	
9	小茗同学冷泡茉莉萃茶480mL	箱	50	1	50	
10	旺仔牛奶245mL	箱	50	1	50	
11	海之言柠檬果味饮料500mL	箱	50	2	100	
12	伊藤园浓茶绿茶饮料500mL	箱	50	2	100	
13	伊藤园无糖绿茶饮料500mL	箱	50	1	50	
	合计			27	1 950	

表 3-70 德麟公司采购订单

订单编号：D201905100104　　　　　　　　　　　　　　　　　　　发货时间：2019.5.11

序号	商品名称	单位	单价/元	订购数量	金额/元	备注
1	顺心奶嘴	箱	100	8	800	
2	可乐年糕	箱	100	3	300	
3	幸福方便面	箱	100	2	200	
4	娃哈哈饮用纯净水550mL	箱	50	8	400	
5	一次性医用普通口罩	包	50	2	100	
6	清亮一次性雨衣	包	50	2	100	
7	康洁垃圾袋	包	50	3	150	
8	好帮手洗澡巾	包	50	2	100	
9	伊藤园浓茶绿茶饮料500mL	箱	50	2	100	
10	伊藤园无糖绿茶饮料500mL	箱	50	2	100	
	合计			34	2 350	

四、库存信息

(一) 货架规格

重型货架（托盘货架）：1 排 6 列 3 层，双货位，单货位承重≤500kg。

货位参考尺寸：

第一层：1 125×1 000×1 010（mm）；

第二层：1 125×1 000×1 040（mm）；

第三层：1 125×1 000×960（mm）。

(二) 货位库存信息

1. 重型货架库存（见表 3-71）

请各参赛队将新上架物品用浅灰色填涂，并标明该货位物品数量，如图 3-5 所示。货位 30 元/个。

表 3-71 重型货架库存

序号	商品名称	规格/mm	单位	货位地址	入库日期	生产日期	保质期
1	顺心奶嘴	220×180×160	箱	H2-01-05-01	2019年5月5日	2019年4月6日	12个月
2	兴华苦杏仁	265×210×240	箱	H2-01-01-01	2019年5月6日	2019年4月25日	6个月
3	幸福方便面	586×378×180	箱	H2-01-04-03	2019年5月5日	2019年4月22日	6个月
4	可乐年糕	353×235×180	箱	H2-01-02-02	2019年5月6日	2019年4月23日	6个月
5	诚诚油炸花生仁	448×276×180	箱	H2-01-04-02	2019年5月5日	2019年4月25日	6个月
6	梦阳奶粉	353×235×180	箱	H2-01-02-03	2019年5月6日	2019年4月28日	6个月
7	隆达葡萄籽油	297×223×240	箱	H2-01-06-02	2019年5月5日	2019年4月14日	24个月

图 3-5 货位存储

2. 立体库区库存（见表3-72）

表3-72 立体库区库存

存储单位：8个单位/箱

序号	商品名称	序号	商品名称
1	农夫山泉饮用天然水550mL	30	雀巢优活330mL
2	农夫山泉饮用天然水380mL	31	农夫山泉天然运动装400mL
3	雀巢优活550mL	32	纯悦包装饮用水550mL
4	统一绿茶茉莉味500mL	33	阿尔山矿泉水550mL
5	可口可乐零度500mL	34	巴马铂泉350mL
6	加多宝凉茶310mL	35	巴马铂泉500mL
7	旺仔牛奶145mL	36	北大荒天然矿泉水350mL
8	怡宝饮用纯净水555mL	37	康师傅芒果小酪500mL
9	名仁苏打水375mL	38	康师傅蜂蜜柚子500mL
10	芬达橙味汽水600mL	39	达利园青梅红茶500mL
11	营养快线水果酸奶饮品水蜜桃味500mL	40	康师傅绿茶500mL
12	雪碧500mL	41	康师傅茉莉清茶500mL
13	恒大冰泉500mL	42	依能蓝莓味乳酸菌饮料500mL
14	康师傅浓浓柠檬红茶450mL	43	苏打果味饮料350mL
15	康师傅优悦饮用纯净水560mL	44	名仁6个柠檬375mL
16	百岁山饮用天然矿泉水570mL	45	尖叫运动饮料550mL
17	康师傅包装饮用水550mL	46	康师傅冰糖雪梨500mL
18	冰露包装饮用水550mL	47	美汁源爽花语饮料420mL
19	纯悦包装饮用水550mL	48	纯果乐果缤纷热带美味饮料500mL
20	娃哈哈饮用纯净水550mL	49	达利园青梅花茶500mL
21	怡宝饮用纯净水350mL	50	脉动西瓜味维生素饮料600mL
22	水立方饮用天然矿泉水585mL	51	达利园青梅绿茶500mL
23	天宝泉弱碱性天然饮用水500mL	52	康师傅劲凉冰红茶500mL
24	爱夸饮用天然矿泉水570mL	53	康师傅茉莉蜜茶500mL
25	娃哈哈纯净水596mL	54	农夫果园30%混合果蔬500mL
26	百岁山饮用天然矿泉水348mL	55	康师傅酸梅汤500mL
27	雀巢优活330mL	56	康师傅鲜果橙500mL
28	农夫山泉天然运动装400mL	57	统一阿萨姆原味奶茶500mL
29	昆仑山矿泉水350mL	58	补力电解饮料520mL

续表

序号	商品名称	序号	商品名称
59	纯果乐果缤纷蓝莓石榴味饮料 500mL	61	康师傅水蜜桃饮料 500mL
60	板蓝花果糖凉茶 520mL		

3. 电子标签货架区库存（见表 3-73）

表 3-73 电子标签货架区库存

存储单位：7 个单位/货位

序号	商品名称	序号	商品名称	序号	商品名称
1	恒大冰泉 500mL	5	百岁山饮用天然矿泉水 348mL	9	康师傅浓浓柠檬红茶 450mL
2	农夫山泉饮用天然水 380mL	6	统一绿茶茉莉味 500mL	10	康师傅包装饮用水 550mL
3	一次性医用普通口罩	7	清亮一次性防尘鞋套	11	水晶刷
4	清亮一次性雨衣	8	康洁垃圾袋	12	好帮手洗澡巾

4. 阁楼货架区库存（见表 3-74）

表 3-74 阁楼货架区库存

存储单位：20 个单位/货位

序号	商品名称
1	旺仔牛奶 245mL
2	芬达苹果味汽水 600mL
3	小茗同学冷泡茉莉萃茶 480mL
4	美汁源 10% 果粒橙 450mL
5	海之言柠檬果味饮料 500mL
6	小茗同学冷泡冰橘绿茶 480mL
7	脉动维生素饮料蜜桃味 600mL
8	王老吉凉茶植物饮料 310mL
9	海之言水蜜桃味 500mL
10	康师傅冰红茶 500mL
11	小茗同学冷泡青柠红茶 480mL
12	康师傅浓浓柠檬绿茶 450mL

5. 重型货架散货区库存（见表3-75）

表3-75　重型货架散货区库存

存储单位：20个单位/货位

序号	商品名称
1	伊藤园无糖绿茶饮料500mL
2	伊藤园浓茶绿茶饮料500mL
3	景田饮用纯净水560mL
4	乐虎氨基酸维生素功能饮料250mL

五、物动量信息（见表3-76~表3-81）

表3-76　出库作业周报（物动量统计）

制表人：李毅　　　　　　　　　　　　　　制表时间：2019年4月5日

商品编码/条码	商品名称	出库量/箱
6982010061891	乾广章鱼小丸子	9
6958786200067	婴儿湿巾	66
6944848456599	云南优质咖啡	12
6944848456589	隆达葡萄籽油	125
6944848456527	诚诚油炸花生仁	81
6944848456350	梦阳奶粉	8
6944848456290	城城花生仁	11
6944848456282	兴华苦杏仁	210
6944848456015	大王牌大豆酶解蛋白粉	860
6944848450350	可口年糕	8
6942425987629	日明腐乳	10
6942425987624	雅比沙拉酱	4
6942425987524	山地玖瑰蒸馏果酒	10
6942423987624	隆迭葡萄籽油	12
6939261900108	好娃娃薯片	10
6934848456092	可乐年糕	94
6933434567891	幸福方便面	7
6932425987656	婴儿纸尿裤	331
6932410061891	大嫂水果罐头	16

续表

商品编码/条码	商品名称	出库量/箱
6932010961891	兴毕苦杏仁	11
6932010081891	雅儿沙拉酱	11
6932010061976	万盛牌瓷砖	7
6932010061969	鹏泽海鲜锅底	7
6932010061952	日月腐乳	15
6932010061921	山地玫瑰蒸馏果酒	2
6932010061907	大嫂什锦水果罐头	9
6932010061900	鹏润海鲜锅底	14
6932010061891	轩广章鱼小丸子	16
6932010061887	神气松花蛋	9
6932010061884	早苗栗子西点蛋糕	10
6932010061877	华冠芝士微波炉爆米花	6
6932010061865	万胜牌瓷砖	11
6932010061863	脆享饼干	3
6932010061860	金谷精品杂粮营养粥	1
6932010061853	乐纳可茄汁沙丁鱼罐头	4
6932010061829	华冠黄油微波炉爆米花	9
6932010061826	好哇哇薯片	8
6932010061822	爱牧云南优质小粒咖啡	193
6932010061808	神奇松花蛋	82
6932010061780	大玉牌大豆酶解蛋白粉	7
6932010061459	幸福方便挂面	7
6921317958690	婴儿美奶粉	174
6920907800173	休闲黑瓜子	15
6920907800171	婴儿美羊奶粉	3
6920855052068	利鑫达板栗	47
6918163010887	黄桃水果罐头	10
6918011061360	鑫利达板栗	11
6918010061369	脆香饼干	144
6913221010106	顺心奶嘴	584
6902774003017	金多多婴儿营养米粉	8

表 3-77 出库作业周报（物动量统计）

制表人：李毅　　　　　　　　　　　　　　　　　　　制表时间：2019 年 4 月 12 日

商品编码/条码	商品名称	出库量/箱
6932010061822	爱牧云南优质小粒咖啡	178
6918163010887	黄桃水果罐头	7
6920907800173	休闲黑瓜子	7
6944848456015	大王牌大豆酶解蛋白粉	800
6944848456599	云南优质咖啡	12
6944848456350	梦阳奶粉	11
6932010061887	神气松花蛋	4
6932010061780	大玉牌大豆酶解蛋白粉	4
6942425987524	山地玖瑰蒸馏果酒	11
6942425987629	日明腐乳	15
6944848456589	隆达葡萄籽油	129
6921317958690	婴儿美奶粉	146
6920855052068	利鑫达板栗	70
6932010061891	轩广章鱼小丸子	14
6942425987624	雅比沙拉酱	3
6932010061877	华冠芝士微波炉爆米花	8
6918011061360	鑫利达板栗	8
6932010061459	幸福方便挂面	10
6982010061891	乾广章鱼小丸子	10
6942423987624	隆迭葡萄籽油	11
6902774003017	金多多婴儿营养米粉	16
6913221010106	顺心奶嘴	491
6932425987656	婴儿纸尿裤	456
6932010061921	山地玫瑰蒸馏果酒	6
6920907800171	婴儿美羊奶粉	5
6932010961891	兴毕苦杏仁	9
6932010061900	鹏润海鲜锅底	7
6932010061976	万盛牌瓷砖	9
6918010061369	脆香饼干	137
6932010061808	神奇松花蛋	118
6958786200067	婴儿湿巾	73

续表

商品编码/条码	商品名称	出库量/箱
6932010061907	大嫂什锦水果罐头	7
6933434567891	幸福方便面	7
6932410061891	大嫂水果罐头	5
6932010081891	雅儿沙拉酱	24
6932010061829	华冠黄油微波炉爆米花	8
6932010061863	脆享饼干	15
6932010061952	日月腐乳	7
6944848456282	兴华苦杏仁	329
6932010061853	乐纳可茄汁沙丁鱼罐头	13
6932010061860	金谷精品杂粮营养粥	12
6934848456092	可乐年糕	123
6932010061884	早苗栗子西点蛋糕	8
6932010061826	好哇哇薯片	3
6932010061969	鹏泽海鲜锅底	15
6944848456527	诚诚油炸花生仁	93
6944848456290	城城花生仁	6
6932010061865	万胜牌瓷砖	13
6944848450350	可口年糕	7
6939261900108	好娃娃薯片	9

表3-78 出库作业周报（物动量统计）

制表人：李毅　　　　　　　　　　　　　　制表时间：2019年4月19日

商品编码/条码	商品名称	出库量/箱
6918163010887	黄桃水果罐头	6
6932010061907	大嫂什锦水果罐头	10
6944848456350	梦阳奶粉	14
6920907800171	婴儿美羊奶粉	9
6932010061459	幸福方便挂面	9
6942425987524	山地玖瑰蒸馏果酒	4
6932010061921	山地玫瑰蒸馏果酒	5
6932010061976	万盛牌瓷砖	14
6932010061826	好哇哇薯片	3

续表

商品编码/条码	商品名称	出库量/箱
6939261900108	好娃娃薯片	6
6932010061853	乐纳可茄汁沙丁鱼罐头	3
6944848456527	诚诚油炸花生仁	84
6920907800173	休闲黑瓜子	2
6944848456589	隆达葡萄籽油	99
6944848456015	大王牌大豆酶解蛋白粉	565
6932010081891	雅儿沙拉酱	14
6942423987624	隆迭葡萄籽油	15
6932010061969	鹏泽海鲜锅底	2
6944848456599	云南优质咖啡	15
6944848450350	可口年糕	3
6932425987656	婴儿纸尿裤	343
6920855052068	利鑫达板栗	57
6932010061822	爱牧云南优质小粒咖啡	125
6932010061877	华冠芝士微波炉爆米花	7
6932410061891	大嫂水果罐头	12
6982010061891	乾广章鱼小丸子	5
6932010061900	鹏润海鲜锅底	11
6921317958690	婴儿美奶粉	112
6932010061860	金谷精品杂粮营养粥	5
6958786200067	婴儿湿巾	64
6902774003017	金多多婴儿营养米粉	1
6944848456282	兴华苦杏仁	282
6932010061891	轩广章鱼小丸子	8
6933434567891	幸福方便面	8
6918011061360	鑫利达板栗	11
6932010061887	神气松花蛋	6
6932010061780	大玉牌大豆酶解蛋白粉	2
6944848456290	城城花生仁	7
6942425987624	雅比沙拉酱	7
6932010061808	神奇松花蛋	86
6932010061952	日月腐乳	2

续表

商品编码/条码	商品名称	出库量/箱
6934848456092	可乐年糕	89
6918010061369	脆香饼干	109
6932010061829	华冠黄油微波炉爆米花	14
6932010961891	兴毕苦杏仁	8
6913221010106	顺心奶嘴	473
6932010061884	早苗栗子西点蛋糕	4
6932010061865	万胜牌瓷砖	7
6942425987629	日明腐乳	5
6932010061863	脆享饼干	11

表 3-79 出库作业周报（物动量统计）

制表人：李毅　　　　　　　　　　　　　　　　制表时间：2019 年 4 月 26 日

商品编码/条码	商品名称	出库量/箱
6902774003017	金多多婴儿营养米粉	8
6921317958690	婴儿美奶粉	175
6913221010106	顺心奶嘴	521
6944848456527	诚诚油炸花生仁	87
6932010061907	大嫂什锦水果罐头	11
6932010061952	日月腐乳	7
6944848456290	城城花生仁	6
6944848456015	大王牌大豆酶解蛋白粉	978
6920907800171	婴儿美羊奶粉	11
6932010081891	雅儿沙拉酱	15
6932010061780	大玉牌大豆酶解蛋白粉	17
6942425987524	山地玖瑰蒸馏果酒	7
6942425987629	日明腐乳	1
6932010061808	神奇松花蛋	96
6918163010887	黄桃水果罐头	17
6920907800173	休闲黑瓜子	15
6934848456092	可乐年糕	125
6932010061884	早苗栗子西点蛋糕	11
6942425987624	雅比沙拉酱	2

续表

商品编码/条码	商品名称	出库量/箱
6932010061877	华冠芝士微波炉爆米花	5
6958786200067	婴儿湿巾	88
6932010061853	乐纳可茄汁沙丁鱼罐头	3
6920855052068	利鑫达板栗	45
6932010061860	金谷精品杂粮营养粥	7
6933434567891	幸福方便面	14
6932010061891	轩广章鱼小丸子	7
6932010061976	万盛牌瓷砖	11
6932010061826	好哇哇薯片	8
6932010061829	华冠黄油微波炉爆米花	11
6932010061459	幸福方便挂面	12
6932010061921	山地玫瑰蒸馏果酒	3
6944848456599	云南优质咖啡	9
6932410061891	大嫂水果罐头	12
6932010961891	兴毕苦杏仁	18
6932010061900	鹏润海鲜锅底	19
6918011061360	鑫利达板栗	9
6939261900108	好娃娃薯片	11
6932010061822	爱牧云南优质小粒咖啡	187
6932425987656	婴儿纸尿裤	357
6944848456350	梦阳奶粉	9
6944848456589	隆达葡萄籽油	131
6932010061969	鹏泽海鲜锅底	9
6932010061865	万胜牌瓷砖	3
6932010061887	神气松花蛋	12
6932010061863	脆享饼干	10
6944848456282	兴华苦杏仁	272
6944848450350	可口年糕	9
6942423987624	隆迭葡萄籽油	12
6982010061891	乾广章鱼小丸子	2
6918010061369	脆香饼干	146

表 3-80 出库作业周报（物动量统计）

制表人：李毅　　　　　　　　　　　　　　　　　　制表时间：2019 年 5 月 3 日

商品编码/条码	商品名称	出库量/箱
6932425987656	婴儿纸尿裤	362
6913221010106	顺心奶嘴	495
6944848456589	隆达葡萄籽油	136
6921317958690	婴儿美奶粉	167
6932010061860	金谷精品杂粮营养粥	2
6932010061976	万盛牌瓷砖	11
6944848456015	大王牌大豆酶解蛋白粉	1 034
6944848450350	可口年糕	15
6932010061865	万胜牌瓷砖	10
6982010061891	乾广章鱼小丸子	10
6902774003017	金多多婴儿营养米粉	17
6918163010887	黄桃水果罐头	3
6920907800173	休闲黑瓜子	7
6944848456282	兴华苦杏仁	231
6932010061891	轩广章鱼小丸子	10
6944848456350	梦阳奶粉	11
6932010061969	鹏泽海鲜锅底	2
6944848456599	云南优质咖啡	6
6918011061360	鑫利达板栗	15
6932410061891	大嫂水果罐头	11
6944848456527	诚诚油炸花生仁	89
6932010061884	早苗栗子西点蛋糕	10
6920855052068	利鑫达板栗	53
6932010061921	山地玫瑰蒸馏果酒	1
6932010061952	日月腐乳	14
6939261900108	好娃娃薯片	5
6932010061829	华冠黄油微波炉爆米花	7
6932010061780	大玉牌大豆酶解蛋白粉	7
6932010061900	鹏润海鲜锅底	1
6942425987629	日明腐乳	25
6932010061877	华冠芝士微波炉爆米花	5

续表

商品编码/条码	商品名称	出库量/箱
6932010061822	爱牧云南优质小粒咖啡	190
6932010061907	大嫂什锦水果罐头	15
6944848456290	城城花生仁	12
6920907800171	婴儿美羊奶粉	6
6932010961891	兴毕苦杏仁	13
6942425987524	山地玫瑰蒸馏果酒	4
6932010081891	雅儿沙拉酱	11
6918010061369	脆香饼干	137
6958786200067	婴儿湿巾	70
6942423987624	隆迭葡萄籽油	14
6932010061887	神气松花蛋	9
6932010061459	幸福方便挂面	16
6932010061863	脆享饼干	5
6932010061826	好哇哇薯片	9
6942425987624	雅比沙拉酱	11
6933434567891	幸福方便面	9
6932010061853	乐纳可茄汁沙丁鱼罐头	17
6932010061808	神奇松花蛋	117
6934848456092	可乐年糕	124

表3-81 出库作业周报（物动量统计）

制表人：李毅　　　　　　　　　　　　　　制表时间：2019年5月10日

物品编码/条码	物品名称	出库量/箱
6902774003017	金多多婴儿营养米粉	15
6918163010887	黄桃水果罐头	16
6920907800173	休闲黑瓜子	13
6944848456282	兴华苦杏仁	225
6944848456589	隆达葡萄籽油	135
6932010061884	早苗栗子西点蛋糕	13
6932010061969	鹏泽海鲜锅底	7
6932010061976	万盛牌瓷砖	8
6944848456599	云南优质咖啡	14

续表

物品编码/条码	物品名称	出库量/箱
6932010061829	华冠黄油微波炉爆米花	2
6982010061891	乾广章鱼小丸子	8
6942423987624	隆迭葡萄籽油	8
6939261900108	好娃娃薯片	4
6932010061822	爱牧云南优质小粒咖啡	175
6932425987656	婴儿纸尿裤	334
6920855052068	利鑫达板栗	43
6921317958690	婴儿美奶粉	142
6932010061907	大嫂什锦水果罐头	14
6918011061360	鑫利达板栗	6
6932010061459	幸福方便挂面	7
6958786200067	婴儿湿巾	51
6934848456092	可乐年糕	89
6918010061369	脆香饼干	141
6932010061853	乐纳可茄汁沙丁鱼罐头	10
6933434567891	幸福方便面	12
6944848456015	大王牌大豆酶解蛋白粉	1 007
6932410061891	大嫂水果罐头	6
6932010081891	雅儿沙拉酱	5
6942425987524	山地玫瑰蒸馏果酒	12
6932010061900	鹏润海鲜锅底	9
6944848456527	诚诚油炸花生仁	55
6932010061860	金谷精品杂粮营养粥	9
6932010061891	轩广章鱼小丸子	14
6932010061921	山地玫瑰蒸馏果酒	3
6944848456290	城城花生仁	8
6932010061863	脆享饼干	9
6932010961891	兴毕苦杏仁	4
6932010061887	神气松花蛋	11
6932010061826	好哇哇薯片	3
6932010061877	华冠芝士微波炉爆米花	13
6913221010106	顺心奶嘴	510

续表

物品编码/条码	物品名称	出库量/箱
6932010061808	神奇松花蛋	84
6942425987624	雅比沙拉酱	3
6944848456350	梦阳奶粉	17
6942425987629	日明腐乳	7
6944848450350	可口年糕	5
6932010061865	万胜牌瓷砖	8
6920907800171	婴儿美羊奶粉	4
6932010061952	日月腐乳	11
6932010061780	大玉牌大豆酶解蛋白粉	14

六、搬运工具信息

1. 地牛信息

（1）品牌：欧力特等；

（2）额定起重量：2 500kg；

（3）每队可使用 2 台。

2. 叉车信息

（1）品牌：TCM；

（2）规格型号：FB-Ⅷ15；

（3）自重：3 180kg；

（4）额定起重量 1 500kg；

（5）标准载荷中心距：500mm；

（6）最大起升高度：3 500mm；

（7）最大起升高度起重量 1 000kg；

（8）每队只能使用 1 台；

（9）按使用次数计费，10 元/台次。

七、车辆配装要求

各参赛队需根据大赛专家组指定车型完成车辆配装，指定车型信息如下：

1. 大车规格

（1）车厢内尺寸：长 1.54m、宽 0.97m、高 0.84m；

（2）车辆外尺寸：长 1.60m、宽 1.05m、高 0.91m；

（3）车厢侧拉门 1 个、后双开门 1 个。

2. 小车规格

（1）车厢内尺寸：长 1.36m、宽 0.89m、高 0.90m；

(2) 车辆外尺寸：长 1.41m、宽 0.97m、高 0.94m；
(3) 车厢侧拉门 1 个、后双开门 1 个。

以上数据误差在 ±0.02m。

3. 车辆使用成本：

(1) 大车：500 元；
(2) 小车：300 元。

八、工时信息

参赛选手：70 元/（人·时）。

九、路线设计参考资料

某配送中心 P 将于 2019 年 5 月 10 日向德家（A）、德兰（B）、德鄂（C）、德来（D）、德麟（E）、德乐（F）、德程（G）、德福（H）德凯（I）德翔（J）10 家公司配送物品。如图 3-6 所示，图中连线上的数字表示公路里程（km），靠近各公司括号内的数字表示各公司对物品的需求量（t）。配送中心备有 2t 和 4t 载重量的汽车可供使用，且配送车辆一次巡回里程不超过 40km。设送到时间均符合客户要求，试用节约里程法制定最优的配送方案。

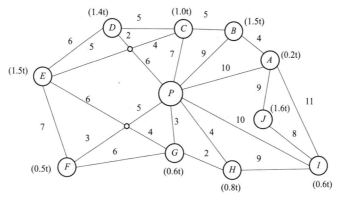

图 3-6 配送网络示意图

十、入库任务单（见表 3-82）

表 3-82 入库任务单

入库任务单编号：R20190510							计划入库时间：到货当日		
序号	商品名称	包装规格（长×宽×高）/mm	单价/（元·箱⁻¹）	重量/kg	生产日期	保质期	码放要求	入库/箱
1	大王牌大豆酶解蛋白粉	按现场实际入库物品包装规格组托	100	待定	待定	待定	旋转交错式	待定

续表

入库任务单编号：R20190510					计划入库时间：到货当日			
序号	商品名称	包装规格（长×宽×高）/mm	单价/（元·箱$^{-1}$）	重量/kg	生产日期	保质期	码放要求	入库/箱
2	顺心奶嘴	220×180×160	100	8	2019年4月6日	12个月	旋转交错式	29
3	兴华苦杏仁	265×210×240	100	8	2019年4月2日	6个月	压缝	57
4	脆香饼干	按现场实际入库物品包装规格组托	100	待定	待定	待定	旋转交错式	待定
5	婴儿湿巾	498×333×180	100	14	2019年1月5日	12个月	压缝	48
6	休闲黑瓜子	按现场实际入库物品包装规格组托	100	待定	待定	待定	压缝	待定

供应商：万事通达商贸有限公司

十一、入库通知

入库作业准备项目设计所需资料如下，根据要求完成设计内容（本项内容只设计不执行，只在方案设计中考核，不在方案实施中考核）。

入库通知

今收到供货商发来的入库通知单，计划到货日期为明天上午10时，内容如下：

品　名：五金工具　　　包装规格：500×400×600（mm）

包装材质：松木　　　　单体毛重：80kg

包装标识限高：5层　　数量：1 500 箱

如果此批物品露天堆存，至少需要多大面积的储位？如果目标存储区域地坪荷载为 $2.5t/m^2$，库高6m，可用堆垛宽度受限仅为5m，计算出计划堆成的货垛的垛长、垛宽及垛高各为多少箱。

注：垛型要求为重叠堆码的平台垛。

十二、托盘码放示意图绘制规定

托盘码放示意图绘制要遵循如下规定并至少包含下列信息：

（1）用Word绘图功能绘制示意图；

（2）画出托盘码放的奇数层俯视图和偶数层俯视图；

（3）在图上标出托盘的长、宽尺寸（以 mm 为单位）；

（4）用文字说明堆码后的层数；

（5）用文字说明此类商品所需托盘的个数；

(6) 将托盘上的物品以浅灰色填涂;
(7) 物品组托时均须压缝。

十三、托盘条码信息及成本

1. 条码信息

(1) 码制:CODE39,8 位,无校验位;
(2) 参考尺寸:100×50(mm);
(3) 前两位设为本队抽签号,其余六位自设。

2. 条码成本

在实施储配方案时粘贴条码。
(1) 购买条码:10 元/组(每组两个条码);
(2) 自制条码工本费:2 元/组。

十四、月台、托盘、物流箱信息

1. 月台信息

参考尺寸:2 000×1 000(mm),共 4 个月台。

2. 托盘信息

(1) 参考尺寸:1 200×1 000×160(mm);
(2) 托盘:20 元/个;
(3) 托盘重量:20kg/个;
(4) 每队最多可使用 10 个托盘。

3. 物流箱信息

(1) 参考尺寸:600×400×150(mm);
(2) 使用价格:10 元/个。

十五、运输调度资料

1. 订单信息

(1) 2019 年 5 月 10 日,1 号店向本企业北京供应商 B 采购大宗商品,物流公司上门提货,如表 3-83 所示。

表 8-83 采购订单

采购单编号:R20190510　　　　　　　　　计划到货时间:2019 年 5 月 12 日

序号	商品名称	包装规格 (长×宽×高)/mm	单价/ (元·箱$^{-1}$)	重量/ (kg·箱$^{-1}$)	订购数量/ 箱
1	运动鞋	460×260×180	120	2.5	2 400

供应商:供应商 B

(2) 2019 年 5 月 10 日,1 号店向好运来鞋城采购一批运动鞋,委托物流企业上门提货,如表 3-84 所示。

表 3-84 发货信息

客户信息	单位：好运来鞋城； 地址：北京市海淀区闵庄路 25 号； 联系人：李新； 电话：13820148576
收货人	单位：天津农学院； 地址：天津市西青区津同公路 19 号； 联系人：赵树明； 电话：15622985642
装货地点	北京市海淀区闵庄路 25 号
卸货地点	天津市西青区津同公路 19 号
物品信息	运动鞋纸箱包装规格（长×宽×高）460×260×180（mm），重量 2.5 kg/箱，数量 2 400 箱，单价 120 元/箱
运杂费标准	普通物品天津—北京基础运价：300 元/t，重货（每立方米重量大于等于 333kg）按实际重量计费，轻货（每立方米重量不足 333kg）按折算重量计费。装车费 16 元/t，卸车费 13 元/t，保价费为物品声明价值的 0.3%，托运人可自愿选择是否保价

2. 可调用车型车辆信息

（1）车型一：7.2m 厢车，可调用车辆数 4 辆。

车厢内尺寸 7.2×2.3×2.7（m），最大载重量 10t，车辆在高速公路上空驶平均油耗 20L/100km，重驶平均油耗增加 0.4L/（t·100km）。车辆在其他道路上空驶平均油耗 25L/100km，重驶平均油耗增加 0.6L/（t·100km）。司机平均日工资 350 元（不考虑工作时长），高速公路过路过桥费平均 1.0 元/km，其他费用忽略不计。

（2）车型二：9.6m 厢车，可调用车辆数 4 辆。

车厢内尺寸 9.6×2.3×2.7（m），最大载重量 20t，车辆在高速公路上空驶平均油耗 25L/100km，重驶平均油耗增加 0.8L/（t·100km）。车辆在其他道路上空驶平均油耗 32L/100km，重驶平均油耗增加 1.2L/（t·100km）。司机平均日工资 600 元（不考虑工作时长），高速公路过路过桥费平均 1.6 元/km，其他费用忽略不计。

3. 天津—北京行驶线路

（1）天津到北京高速公路全程 150km，预计行驶 2h30min，收取过路桥费；

（2）天津到北京国道 140km，预计行驶 4h15min，无过路桥费。

无论选择哪条线路，车辆均在 24h 内返回。

4. 车辆行驶时间成本

车型一的行驶时间成本：100 元/h；车型二的行驶时间成本：150 元/h。

5. 燃油价格

6.8 元/L。

根据以上信息填写托运单，如表 3-85 所示。请从成本节约角度选取合适的车型、运输线路进行派车，并计算里程利用率、吨位利用率和实载率。

注：1. 车辆往返选择同样的行驶路线；
2. 要有分析计算过程，计算结果保留 3 位小数。

表 3-85　物品运输托运单

2019 年 5 月 12 日　　　　　　　　　　　　　　　　　　　　　　　　第 100 号

物品名称	性质	包装规格/mm	件数	实际重量/t	计费重量/t	物品声明价值/元	计费项目			物品核实记录
							运费/元	装卸费/元	保价费/元	
注意事项	1. 物品名称应填写具体名称，如物品名称过多，不能在托运单内逐一填写，必须另附物品清单； 2. 保险或保价物品，在相应价格栏中填写物品声明价值									

[**操作与实训任务 1**]

物动量 ABC 分类。

[**任务完成的记录 1**]

[**操作与实训任务 2**]

收货检验、编制托盘条码。

[**任务完成的记录 2**]

[**操作与实训任务 3**]

物品组托示意图。

[**任务完成的记录 3**]

[操作与实训任务 4]

上架存储货位图绘制、就地堆码存储区规划。

[任务完成的记录 4]

[操作与实训任务 5]

订单有效性分析。

[任务完成的记录 5]

[操作与实训任务 6]

客户优先权分析。

[任务完成的记录 6]

[操作与实训任务 7]

库存分配计划表。

[任务完成的记录 7]

[操作与实训任务 8]

拣选作业计划、月台分配示意图。

[任务完成的记录 8]

[操作与实训任务 9]

配送车辆调度与路线优化、配装配载方案。

[任务完成的记录 9]

参 考 文 献

[1] 吴清一. 物流管理 [M]. 北京：中国物资出版社，2005.
[2] 吴清一. 物流实务 [M]. 北京：中国物资出版社，2005.
[3] 王之泰. 物流基础 [M]. 北京：高等教育出版社. 2005.
[4] 王之泰. 现代物流学 [M]. 北京：中国物资出版社，1995.
[5] 王学锋. 物品学 [M]. 上海：同济大学出版社，2006.
[6] 崔介何. 物流学概论 [M]. 北京：北京大学出版社，2004.
[7] 何明珂. 现代配送中心：推动流通创新的趋势 [M]. 北京：中国商业出版社，2003.
[8] 牛鱼龙. 美国物流经典案例 [M]. 重庆：重庆大学出版社，2006.
[9] 白世贞，言木. 现代配送管理 [M]. 北京：中国物资出版社，2005.
[10] 李振. 物流系统规划与设计 [M]. 武汉：武汉理工大学出版社，2008.
[11] 胥洪娥. 配送中心运营与管理 [M]. 天津：天津大学出版社，2009.
[12] 杨敏. 配送中心运营管理 [M]. 北京理工大学出版社，2007.
[13] 宋建阳. 企业物流管理 [M]. 北京：电子工业出版社，2005.
[14] 姜大立. 物流仓储与配送管理实训 [M]. 北京：中国劳动社会保障出版社，2006.
[15] 王婷. 物流操作实务 [M]. 北京：机械出版社，2004.
[16] 浦震寰. 现代仓储管理 [M]. 北京：科学出版社，2006.
[17] 朱华. 配送中心管理与运作 [M]. 北京：高等教育出版社，2003.
[18] 邬星根. 仓储与配送管理 [M]. 上海：复旦大学出版社，2005.
[19] 蒋笑梅. 物流管理实务 [M]. 北京：机械工业出版社，2004.
[20] 吴周同. 物流经理案头手册 [M]. 北京：人民邮电出版社，2008.
[21] 李克娜. 物流基础知识 [M]. 北京：机械工业出版社，2004.
[22] 田红英. 物流配送管理 [M]. 成都：四川大学出版社，2006.
[23] 李永生. 仓储与配送管理 [M]. 北京：机械出版社，2009.
[24] 张念. 仓储与配送管理 [M]. 大连：东北财经大学出版社，2008.
[25] 曾剑. 物流管理基础 [M]. 北京：机械工业出版社，2004.
[26] http://wgx.56edu.com/index.htm.
[27] http://www.wodefanwen.com/lhd_6a8z68x47d423gj8fm32_5.html.
[28] http://www.chinaskills-jsw.org/.
[29] http://www.worlduc.com/.
[30] http://www.hmlc.edu.cn/.
[31] https://max.book118.com/html/2019/0114/8050063112002001.shtm.

[32] http://www.glzy8.com/show/14720.html.
[33] http://www.glzy8.com/show/52633.html.
[34] http://data007.cn/Item/271962.aspx.
[35] www.MBAAsia.net.
[36] http://wenku.baidu.com/view/f6e7b4daa58da0116c1749cd.html.
[37] http://www.chinahrd.net/guanli_gj/listinfo.asp?articleid=9368.
[38] http://cfnet.org.cn/.
[39] http://www.cnpc.com.cn/hy/qydt.
[40] http://www.yuloo.com/wlks/anli/1001/362787.html.
[41] http://www.chinawuliu.com.cn/oth/content/200411/200415431.html.